U0726159

微生物猎人

[美]保罗·德·克鲁伊夫　著

师龙　译

长江出版传媒　长江文艺出版社

图书在版编目（CIP）数据

微生物猎人 / (美)保罗·德·克鲁伊夫著；师龙
译. -- 武汉：长江文艺出版社，2023.6
ISBN 978-7-5702-3125-6

Ⅰ.①微… Ⅱ.①保… ②师… Ⅲ.①微生物学－生
物学家－生平事迹－世界 Ⅳ.①K816.15

中国国家版本馆 CIP 数据核字(2023)第 072849 号

微生物猎人
WEISHENGWU LIEREN

责任编辑：黄柳依　　　　　　　　责任校对：毛季慧
封面设计：袁　芳　　　　　　　　责任印制：邱　莉　胡丽平

出版：长江出版传媒｜长江文艺出版社
地址：武汉市雄楚大街 268 号　　　　邮编：430070
发行：长江文艺出版社
http://www.cjlap.com
印刷：武汉市首壹印务有限公司

开本：880 毫米×1230 毫米　　1/32　　印张：5　　　插页：2 页
版次：2023 年 6 月第 1 版　　　　2023 年 6 月第 1 次印刷
字数：112 千字

定价：35.00 元

版权所有，盗版必究（举报电话：027—87679308　87679310）
（图书出现印装问题，本社负责调换）

目 录
Contents

列文虎克
开天辟地的微生物猎人

1

十七世纪七十年代，无名的年轻人列文虎克，第一次闯入了神秘的未知新世界。那里有成千上万种各种各样的小生物，有的凶狠霸道，杀人性命于无形；有的乐于助人，是我们不可或缺的朋友，它们对人类意义重大。你是不是以为我在说大话？这么说吧，即使人类丢了一块大陆或者一串群岛，受的损失也没有离开它们大。

在过去很长的一段时间里，没有人称颂列文虎克，很少有谁记得他的名字。直到现在，大部分人对他的事迹，依然是一问三不知。那么，我们先从第一位微生物猎人列文虎克讲起。在他身后，跟随着一群勇敢、坚毅、充满好奇心的探索者，誓要从死神的镰刀下抢夺生命。本书便讲述了他们的传说，也是他们不知疲倦地窥探新世界的真实史实。他们不停追踪，不断探索，一路跌跌撞撞，犯过错，走过弯路，也收获过鲜花和掌声。有的人倒在追缉凶犯的险路上，用生命挥洒出一片鲜为人知的光辉，而杀手正是他们研究的小到肉眼看不见的家伙。

当今社会，科研工作备受尊敬，科学家是人类不可或缺的，可是当我们穿越回列文虎克的时代——

假设你得了疟腮，刚刚痊愈，你问父亲自己为什么会得疟腮，他告诉你，疟腮是恶灵入体。他的"理论"也许不太能说服你，但你决定还是相信他的话，不再思考疾病的真正成因。因为公然反对父亲，你可能会招来一顿毒打，甚至被赶出家门。在那个年代，父亲是不可动摇的权威。

三百多年前，列文虎克呱呱坠地，迎接他的便是这样一个世界：迷信占据主流，无知大行其道。科学（仅指通过认真观察和清晰思考去发现真相而已）才刚长出绵软无力的腿，蹒跚前行。当时的社会，还会因为塞尔维特"胆敢"解剖、研究尸体而把他活活烧死，伽利略由于"胆敢"证明地球围着太阳转而被终生软禁。

安东尼·列文虎克出生于1632年的荷兰代尔夫特，从小看惯了蓝色的风车、低矮的街道和高高的运河。父亲英年早逝，母亲把列文虎克送去学校，期待他长大成为一名政府官员。谁承想，十六岁那年，列文虎克自己辍学跑到阿姆斯特丹的一家干货店做学徒，一待将近六年！二十一岁时，他离开阿姆斯特丹，回到家乡结婚，开了一间属于自己的干货店。此后的二十年，没有人知道他具体怎么生活的，好像是先后结过两次婚，生下几个孩子，但是基本全夭折了。不过有两点确凿无疑：他做了代尔夫特市政大厅的看管员，以及对镜片近乎痴迷。当时有一种说法：借助特殊手法精心研磨过的镜片，可以看到从没见过的奇特事物！其实，列文虎克没有多高的文化水平，他只会说荷兰语，而在那个时代，欧洲的书籍基本都是用拉丁语写的。不过福兮祸兮，你看，正因为被屏蔽了"知识界"迷信信号的干扰，他不得不自己去观察，自己去思考，自己去判断。

在世界没有看到他的二十年中，列文虎克先是找到制镜师，向他们学习磨镜片的基本知识；又拜访炼金师和药剂师，不动声色地打探用矿石冶炼金属的秘密；最后磕磕绊绊地模仿工匠锻打金银。列文虎克是天底下最吹毛求疵的人，整个荷兰最厉害的制镜师也不能让他满意——他们精益求精，打磨出那个时代最完美的镜片，可他仍旧抱怨效果不够好。列文虎克把镜片嵌进自己做的小铜（或者金、银）框里，放在火上烤呀烤，他全然不顾金属散发出的奇怪味道和呛人的烟雾，也不顾手上燎出的水泡。

列文虎克废寝忘食，渐渐和家人、朋友疏远了；邻居们议论纷纷，说他怪里怪气的。无数个寂静的夜晚，孤单的灯影和清冷的月光下，他一个人做着看似千篇一律的动作。最终，一块长度不超过八分之一英寸①的小镜片成功诞生了。它拥有奇妙而清晰的放大效果，列文虎克新奇地用它观察所有能找到的东西，比如鲸鱼的肌肉纤维啊，自己的皮屑啊，等等。他从屠夫那儿弄来一颗牛眼，被其内部漂亮的晶状体所惊艳。镜片下，羊毛、海狸毛、驼鹿毛大如粗糙的树枝！他花了几个小时看啊看啊，百思不得其解。他小心翼翼地剖开一只苍蝇的头，取出大脑，插在显微镜的细针上——纹路繁复、巧妙又清晰，他惊叹得合不上嘴巴。比较了十几种不同树木的横截面之后，他眯起眼睛分析植物的种子。第一次发现讨厌的跳蚤和虱子也有奇特完美的嘴巴和大腿时，他哼了一声："不可能！"列文虎克毫不客气地检查周围的每一样物体！

2

列文虎克是世界上最缺乏自信的人。他把标本固定住，翻来覆去观察几个月也不敢确信自己看到的景象。为了同时观察更多东西，他不停地磨镜片，最后做出好几百个显微镜，每个

---

① 1英寸等于2.54厘米。——译者注

镜片下都放着一个标本。他又回头观察第一个标本，试图找出自己的"错误"。他不敢把观察的结果写成只言片语，直到数百次的验证表明，在相同条件下，镜片中的景象完全相同，他才终于拿起笔把画面描摹出来。然后，他又陷入了另一种自我怀疑："即使人们看了也会说，'哦，我看到了，但这有什么意思？你费这么大劲图什么？'……我的观察不是为了别人，纯粹是自己喜欢！"于是，他并没有把自己的手稿对外展示，继续沉默、孤单地投身到这场秘密的研究中。

幸运的是，十七世纪中叶，世界发生了巨变。在法国、英国和意大利，人们不像过去那样对科学嗤之以鼻。有些觉醒了的"反叛者"说："我们不要再事事听从亚里士多德，也无须乞求'宗教权威'的许可。我们只相信自己眼睛观察到的事物、自己动手得到的结果！"于是，几个改革者在英国成立了"无形学院"（成员包括化学奠基者罗伯特·波义耳，还有牛顿），他们秘密进行各种被视为"异端"的实验研究。查理二世即位后，他们从一个隐秘的组织变成了英国皇家学会，以及第一批知晓安东尼·列文虎克的研究的人！

事情是这样的，在代尔夫特有个人从来没有嘲笑过列文虎克，他叫雷古纳·德·格拉夫，因为有关人体卵巢的发现，他已经获得了皇家学会的准会员身份。在列文虎克的允许下，格拉夫透过神奇的镜片看了几个标本。格拉夫被深深地震撼了，别说英国、欧洲，全世界都没见过这样的场面！他飞快地给皇家学会写了一封信：

让安东尼·列文虎克告诉你们他的发现。

列文虎克思考了一段时间，决定答应皇家学会的邀请，他同时告诉自己别抱什么奢望："我一个没受过什么教育的家伙，能发现什么有价值的东西呢？"他的信很长，东拉西扯讲了不少，用的是他唯一会讲的荷兰语，言辞带着有点滑稽的率真。信前还有个开头："在列文虎克精心制造的显微镜下，对皮肤、肉体等物体表层的霉菌，以及蜜蜂等的观察样本……"皇家学会的学者们被逗笑了，这个家伙居然声称镜片下还有一个世界！他们要求列文虎克提供更多证据，而列文虎克最不缺的就是真凭实据，他把大量的手稿砸向皇家学会。列文虎克几十年来的奇妙发现说服、震动了所有人。

列文虎克终于得到正名。代尔夫特的看管员撬开奇妙微生物世界的大门，向里面投进去一束目光。自生命在地球上出现以来，无数的微生物诞生、成长、战斗、死亡，而人类却对此茫然无知。它们是势不可挡的凶徒，能够将比自身体形大千万倍的人类屠戮得片甲不留。它们是令人谈之色变的猛兽，连喷火的恶龙和多头蛇怪也自叹不如。它们是闭口不言的杀手，无论是襁褓里的婴孩还是皇宫里的帝王，通通被它们收割了性命。它们微小又无形，却不可替代。现在，列文虎克第一次捕捉到了它们的身影。

他打开了未知世界的大门……

3

读者们，我真想变成此时的列文虎克，去感受他心中汹涌激荡的兴奋，因为他又有了新的发现：他用显微镜看到了雨水中一些扭动的"怪异的活物"。

我们前面说过了，列文虎克是一个相当谨慎的人，更不要说这些东西实在太小、太奇怪了，简直不可置信！他眼睛一眨不眨地贴在显微镜上，直到他的手因为长时间握着显微镜而抽筋、眼睛由于长时间的注视而刺痛不已。但他没看错！天哪！那边又出现了一种其他模样的小家伙，"它们长着奇妙的细脚，移动灵活，宛如潜水员快速摆动双腿。"等等！还有第三种，第四种……它们太小了，根本看不清形状。但毫无疑问它们拥有生命：这群生物一刻也停不下来，在镜头下的水滴世界里四处飞驰，多么敏捷啊！

可是这些住在雨水中的小小居民又是从哪儿来的呢？从天而降、地底下爬出来的、还是神的无羁想象？

"我要做实验！"

列文虎克小心地洗刷好一个玻璃酒杯，擦干，放在屋檐的滴水处。滴答！他将杯中水取了一滴，拿到镜头下观察。果然，它们正在水中游来游去呢。"即使在基本排除人为污染的水中，它们也存在。"不过，说实话，他的实验不太严谨，因为它们或许就在屋檐上生活呀，只不过是被冲进水里罢了。

于是他又拿出一个大瓷盘，洗干净，趁下雨的时候放在院子里一个大箱子上，以免盘子被地上溅起的泥巴所污染。取水样时，他先倒出已与外界接触的部分，再小心翼翼地把水滴进管中，拿进书房……

"水里没有那种活物！它们不是从天上来的！"

列文虎克把水放在显微镜下继续观察：一个小时，两个小时，一天，两天……到了第四天，随着灰尘以及棉绒细线等纤维的入侵，水中出现了小活物。

谨慎的列文虎克没有选择把这一发现写信告知皇家学会，反而继续把镜头转向了身边所有的水：书房中与空气直接接触的水，房顶瓦罐接的水，代尔夫特运河里有些浑浊的水，深井打上来的冰凉凉的水。他在各种水里都找到了它们的踪迹。

对新事物孜孜不倦的观察和思索磨砺了列文虎克的钻研思

维。一天，他突然冒出个念头：为什么胡椒那么辣？转念一想，"胡椒粒上肯定有很多小刺，吃的时候扎舌头……"

真的有小刺的存在吗？

他摆弄起胡椒来。阿嚏！阿嚏！费了九牛二虎之力，他也没能把胡椒粒弄得小到可以放在显微镜下观察。对了！他把胡椒放在水里泡了几个礼拜，用细细的针将泡软了的胡椒拨下肉眼几乎难以看到的一丁点，放进水里，端到镜头下。

天哪！什么小刺，他完全顾不上了。列文虎克像个被万花筒迷住的孩子一样，死死盯着"数不尽的各种小生物，它们飞速移动，四处乱窜，令人眼花缭乱！"

就这样，列文虎克不仅发现了微生物的存在，还误打误撞找到了让它们繁殖生长的办法。是时候将一切告知远在伦敦的思想家们了。列文虎克工工整整地写了一封信，信中说，一粒沙砾大小的地方，足以容纳一百万个他发现的小生物，只要一滴胡椒水，它们便可以欣欣向荣地繁殖、生长，变成两百七十万个……

信件被如实翻译成英文，学者们拍案而起。什么？那个荷兰的家伙居然说自己发现了小到足以在一滴水里装下他们国家全部人口数量的生物？荒谬！腐食酪螨才是世界上最小的生物！幸好，还是有几位学会的成员没有断然否定，因为他们了解列文虎克是一个谨慎的人，不会如此信口开河；况且他之前来信所述，经查证均为事实。于是，一封回信送到列文虎克手中，请他详细介绍制作显微镜的方法，并细致陈述自己是怎样进行观察的。

他们居然不信我！列文虎克心里非常难受，被代尔夫特这群坐井观天的愚夫嘲笑就罢了，没想到堂堂皇家学会竟也如此不识货，他还以为他们是哲学家、是思想者呢！不过列文虎克还是回了一封长长的信，向他们保证自己绝没有言过其实。他列出了自己是如何精确计算出所发现生物的大小（现代科学家使用各种仪器测算出的数据也只比他稍微精准了一点！），包括各种除法、乘法、加法……他的信看上去像小学生的演算本。信最后说，代尔夫特的很多人都用显微镜进行过观察，个个为看到的奇异景象鼓掌叫好。他附上几位德高望重者的担保书，包括两位神父、一位公证人，以及其他八位他认为拥有良好信誉的人。但是他表示，显微镜的制作方法恕不奉告。

好吧，英国皇家学会委托罗伯特·胡克和尼希米·格鲁，竭尽全力制作出倍数最高的显微镜，选用最好的黑胡椒制出最棒的胡椒水。1677 年 11 月 15 日，胡克带着自己做好的显微镜参加了皇家学会的会议——当当！安东尼·列文虎克真的没有说谎。学者们激动地挤到显微镜前，竞相观察奇怪又奇妙的"小野兽"。他们凝视着，惊呼着，心潮澎湃，久久不能平复。

列文虎克荣耀加身！皇家学会授予他成员的荣誉，寄送来一份装在银盒里的精美会员证书，盒子上绘有会徽标志。

4

那些小生物无处不在！列文虎克写信告诉皇家学会，他在自己嘴巴里发现了不少肉眼不可见的小家伙，"我已经五十岁了，一直保持着良好的口腔卫生状态，我每天用鹅毛清洁口腔，然后再用蘸了盐的布使劲搓牙齿和牙缝……但用放大镜仔细观察，还是在牙缝中发现了某种白色物质。"他刮下一点这种物质，混入纯净的雨水中，放到显微镜下观察。

慢慢地，镜头从一片灰暗的模糊逐渐调至清晰，一个小生物正在水中欢快地跳上跳下，"好像一条梭子鱼"。看，那儿还有一种，它向前游了两步，突然一百八十度大转身，翻了个漂亮的跟斗。另外几个呆呆的，好似一根棍子。列文虎克一眨不眨地看哪看哪，看得眼睛通红：他的嘴巴里竟然有一个活生生的"动物园"！

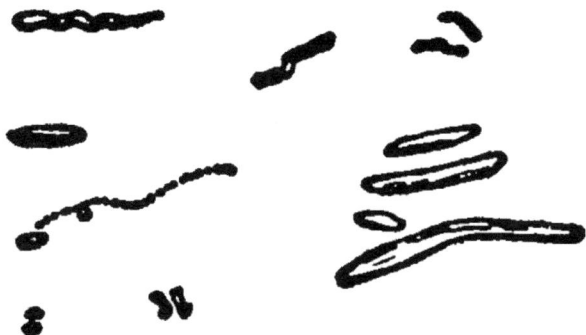

时光倏忽而过，他沉浸在研究人体的热忱中，取得了上百项惊人的发现。比如，在一条小鱼的尾巴上，他发现了毛细血管，以及血液如何从动脉流向静脉。几十年过去了，整个欧洲都知晓了他的大名。俄国彼得大帝慕名拜访、英国女王驾临他的书房，只为倾身一览显微镜下奇妙的景象。即使在群英荟萃的英国皇家学会，除了牛顿和波义耳，就属他名气最大了。不过种种荣誉并没有让列文虎克膨胀，因为他原本就自视甚高，将世人的交口称赞看作理所应当。与列文虎克的骄傲不相上下的，是他面对重重未知迷雾所抱持的谦卑：

"我绝非固执己见之徒，但凡他人能够拿出自洽的逻辑，我必定欣然接受。我信奉最真实的真理，也别无所求，只要能够拥抱真理，能够将世界从陈腐的迷信中拽离一二，我愿意倾尽自己浅薄的才能，追寻真理，坚持真理。"

真是令人钦佩啊！接下来，让我再为你列举几个列文虎克的小发现吧，毕竟他孜孜不倦地研究了数十年呢。有天清晨，他喝了大量的热咖啡，热得浑身冒汗，顺手用显微镜看了一下嘴里的微生物们。哎呀呀，天哪，怎么回事？一个小生物都没有，或者说没有活的小生物。全是死去的尸体，只有一两个偶尔还能勉强动一动，有气无力，好像生了重病似的。列文虎克想到刚刚差点把嘴唇烫出泡的热咖啡，猛然跃起，开始了精细的实验：他把装有活跃微生物的水放在显微镜下观察，并将水逐渐加热。当温度高到比洗澡水还烫的时候，呜啦啦，小生物统统失去了活力。水放凉后，他重新观察，然而它们并没有恢复活力。也就是说，高温夺走了他门牙中小生物的性命！

还有一次，他正仔细地观察代尔夫特运河里的贝类。天哪，一只母贝的身体里就装了成千上万个还未出生的胚胎。他一边把部分胚胎取出投放进从运河取来的水样中，一边自言自语："好奇怪啊，河里有数不清的母贝，每个母贝都这么能生，为什么河道居然没被它们堵死呢？"于是，接下来的好多天里，他翻来覆去地拨弄这些胚胎，时不时用显微镜观察它们是否发育变化。你猜怎么着，很多幼年贝壳中间的肉竟然消失了，数不清的大快朵颐的微生物正是罪魁祸首！

他从震惊慢慢转为沉思："弱肉强食，虽然残酷，却是万物生生不息之道。况且这对人类未尝没有好处，假如没有微生物把大量的幼贝吃掉，我们的运河早被它们撑得水泄不通！"虽然他没有发现这些小生物的人类杀手的身份，却锁定了它们在沉默中夺走生命的暗杀现场。

列文虎克喜欢听到大伙儿的赞叹和惊呼，但并不好为人师。对于那些沽名钓誉之辈，他嗤之以鼻，谈到自己的研究，他认为也"只不过是向世人揭示那些肉眼不可见的场景。若想有所成，需要投入无穷的时间、大量的金钱，而且要终生成为思考的'奴隶'。而能担当此类工作的人，实在万中无一"。

这就是我们的第一位微生物猎人。接下来，你还会结识比他能力出众的斯帕兰札尼，比他想象力丰富一千倍的巴斯德，以及为抹除微生物带给人类痛苦做出更多实际贡献的罗伯特·科赫。但请记得，他们所延循的捕猎之路，都是列文虎克开辟的。

斯帕兰札尼
微生物不是从石头缝里蹦出来的！

1

　　"真糟糕，列文虎克去世了，我们的损失不可估量。谁来接手小生命的研究呢？"英国皇家学会的一位学者提出了疑问。不过我们并没有等太久，列文虎克1723年与世长辞，而从他手中接过显微镜的人，1729年在数千里之外的意大利北部斯堪迪亚诺出生了。这位接替者便是拉塞罗·斯帕兰札尼。他从小就是个满脑子都是奇怪想法的小男孩，喜欢用甲虫、苍蝇、毛毛虫做残忍的实验。他并不拿稀奇古怪的问题去烦父母，而是一头扎进大自然中探索。他拔掉昆虫的翅膀和腿，然后又原样摆回去。他总是努力想弄清楚事物的运转方式。

　　年轻时的斯帕兰札尼和列文虎克一样，立志从父母规划好的人生叛逃，挖出自然界隐藏的规律。不过他靠近科学的方式与列文虎克完全不同。他盘算着："既然父亲坚持让我学法律，那我就假装认真读法条法案好了。"其实私下里他几乎每时每刻都在埋头研学数学、希腊语、法语、逻辑学。等准备得差不多了，他主动去结识著名的科学家瓦利斯涅利，把自己的所知一一展现出来。瓦利斯涅利大叫："你天生是科学家，竟然白白浪费时间去学什么法律！"

　　"可是，先生，我父亲坚持让我去学。"

　　怒火中烧的瓦利斯涅利冲到斯帕兰札尼父亲面前，大声斥责他居然肆意浪费儿子的科学天赋，强迫他学法律，这简直是暴殄天物！不可理喻！他向斯帕兰札尼的父亲保证说："你儿子一定能成为一名出色的研究者，斯堪迪亚诺将以他为荣，因他扬名，他就是伽利略第二！"

狡黠的斯帕兰札尼如愿以偿进入勒佐大学进行学习。那个时候，虽然科学领域仍然发展得很不完善，但"伽利略们"再不会因为表达自己的观点而被教廷迫害，科研工作不必再在暗中悄悄进行，科学研究甚至得到了议会和国王的大力支持。更重要的是，科学已经走进了普罗大众的认知，得到了民众的支持乃至追捧。不过，由于处在混沌的初期，各种对科学的论争和伪科学也不甘示弱，你方唱罢我登场。斯帕兰札尼对纷纷扰扰充耳不闻，全身心投入不同门类的知识的海洋，验证各种理论，坚定自己的立场——对盛名贯耳的权威不盲从，对抱持真理的常人不排斥。

三十岁那年，斯帕兰札尼被任命为勒佐大学教授，开始了微生物的研究，他将被荷兰人列文虎克发现、又险些被人类遗忘的小家伙们重新带进科学的视野。当时，对于看不见其父母踪迹的生命，主流观点认为它们是自己凭空冒出来的。没懂？我举个例子。拉一头牛，猛击头部把它敲死，埋进土里，牛角露在地上，不再管它。一个月后，锯掉它的角，黑压压的虫子蜂拥而出。土里可没有虫子的父母，这难道不是生命能够凭空出现的有力证明吗？即使在今天，我们面对如此言之凿凿的实例，也可能张口结舌，不知如何反驳，更不用提几百年前的人了。英国自然学家罗斯甚至声称："否认牛粪中凭空诞生虫子事实的人，就是与理性、感性和经验唱反调。"

身边所有人都坚定不移地相信生命会自己冒出来，生活中随处可见的场景也无一不在证实此观点。但斯帕兰札尼怎么也说服不了自己。他产生了强烈的怀疑，而怀疑往往是伟大科学进步的推动力。科学的突破很少来自一丝不苟的推演，却总是与违逆"共识"的突发奇想有关。斯帕兰札尼甚至觉得，即便是微生物，也并非是随便从一摊脏东西中凭空冒出来的。没有哪一种生命是从石头里凭空蹦出来的！那么，他又该怎么证明呢？

2

一天深夜，独自一人的斯帕兰札尼偶然翻开了一本小书，没想到却启发了他找到解决生命诞生问题的新方法。这本小书的作者没有长篇大论，反而用实验强有力地证明了生命不能凭空出现的观点。他的论证简明清楚，令人无可辩驳。斯帕兰札尼把睡意完全抛在脑后，一头钻进书中，直到天亮了他都浑然不觉。

"这位雷迪老兄绝对是个人物，"斯帕兰札尼一边脱下外套，一边将短粗的脖子向蜡烛发出的光亮凑去，"三下五除二解决了问题！嗯，他拿了两只瓶子，每只里面都放点肉，一只瓶子敞着口，另一只的瓶口用薄布蒙上。一段时间后，敞口瓶子里出现了苍蝇。是的，对，没过多久便出现了蛆，然后成了苍蝇。再看蒙着布的那个，没有苍蝇，也没有蛆！多么简单，一层布就把苍蝇挡在了外面；轻轻巧巧解答了人类脸红脖子粗地争了一千年的问题。更不可思议的是，在他之前，竟然没人想到这个实验！"

斯帕兰札尼决定把书中得到的启发运用到自己的研究上。专家们说，看不见的微生物是自己凭空冒出来的。那么到底是不是呢？斯帕兰札尼学习培育微生物、使用显微镜、擦拭透镜……他不像列文虎克那样谨慎、富有无穷的耐心，但同样的是，他也咬定了一件事绝不放松。另外，他还拥有极度客观的科学态度。"如果我抱着一定得证明某观点是对的的态度去做实验，那我称不上是真正的科研工作者；我要做的是跟随事实的引领，终身学习，丢掉自己的成见……"

当时，还有一位名叫尼达姆的神父，他也喜欢做实验，他声称羊肉汤里会大量滋生肉眼看不见的生物。他把自己的实验过程和结果整理好了呈送给英国皇家学会，得到了后者屈尊降贵的认可——

尼达姆说，他把热腾腾的羊肉汤从火炉上拿下来，倒进一只瓶子里，用木塞把瓶口塞得严严实实，完全不给任何生物或者它们的卵一丝可入之隙。做完这些，他甚至还把瓶子连带里面的肉汤拿到火上继续加热。尼达姆信誓旦旦地说："我敢打包票，这样处理，瓶子中不管什么生物和卵都被杀了个一干二净。"他把肉汤瓶放置一边，几天后拔下木塞，你猜怎么着？显微镜下，肉汤里挤满了密密麻麻数也数不清的微生物。

"我的发现至关重要！"面对皇家学会的专家们，尼达姆慷慨激昂，"这些小生物只可能来自肉汤。毋庸置疑，实验证明了生命可以从死掉的生物里凭空产生！"他还补充说，并不一定要用羊肉汤来做实验，用种子或者杏仁制出来的汤也能达到同样的效果。

皇家学会甚至整个知识界都被尼达姆的发现振奋了。如此严谨的实验，如此一目了然的结果，还有什么可争辩的呢？他们甚至想将尼达姆也吸纳为皇家学会成员。远在意大利的斯帕兰札尼听说后，皱紧了眉头，眯起了眼睛。他冷冷地哼了一声："生命不会从羊肉汤里无中生有，杏仁、种子汁也不可能，什么汤也不可能！那实验肯定有漏洞，或许尼达姆自己都没意识到，我一定要找出来……"看，成见这个魔鬼一不小心就会溜出来。

幸好斯帕兰札尼最终还是坚持了实证路线，埋头做实验。他想，也许是尼达姆给汤加热得不够充分，也许是那些小生命和它们的卵特别耐高温？他取来不少肚子圆鼓鼓、脖子细长长的大玻璃实验瓶，把它们擦拭、洗净、晾干，在桌子上摆了锃亮的一列。他把部分瓶里放入不同种类的种子，剩下的瓶里放了豌豆和杏仁。他把所有瓶里都倒入了不掺杂质的水。他大叫："我要把水煮上一个小时！"火生好了，他又突然想到一个问题："怎么把瓶口密封住呢？木塞，哼，木塞可能塞不紧。"他沉思了一会儿，"我想到了！用火烧熔瓶口，趁热把玻璃紧紧捏合，任凭神仙也钻不进来！"

瓶子分成两组，一组在沸水里煮了几分钟，另一组煮了足足一个小时，然后把它们都捞出来，小心地放置一旁。哦，忘了告诉你，他还准备了一个对照组，只不过它们的瓶口被木塞塞上，煮的时间也是一个小时。

3

几天过后，斯帕兰札尼回到实验室，先查看那排烧熔密封的瓶子。他把瓶颈一个个敲碎，将一根细长的空心管探进去取了一点里面的汤。他一反毛手毛脚的常态，动作缓慢、神色沉静，他好像一个机器人、一个被注入了一丝生气的木偶，把汤一滴、一滴地滴在显微镜镜头前。

什么生物都没有。

他又敲开只煮了几分钟的烧熔封口瓶，取出里面的液体观察。只见显微镜一片灰色的视野里，一群小生物玩得不亦乐乎；它们和他之前见过的不太一样，个头要小很多，但谁也不能否认，它们是有生命的。

他又紧张地把手伸向木塞瓶，一个、一个、一个拔下塞子，吸出汤汁……只听他低吼一声，从椅子上弹起，随手抓了一个破破烂烂的笔记本，兴奋、颤抖的手划拉出一些看不清的字。不过我们都知道写的什么：虽然每个木塞瓶都用沸水煮了整整一个小时，可是里面全部有活着的生物，"好像大小形态各异的鱼在水中游泳。这说明小生物借助空气进入了尼达姆的瓶子！而且我还有一个了不得的新发现，这些小生物可以在沸水中短暂存活，得长时间的持续煮沸才能杀死它们！"

斯帕兰札尼把自己的实验告诉了每一个人，他的双眼亮得灼人："生命只可能来自生命，没有哪个生命是从石头缝里蹦出来的，即使是肉眼看不到的小生命！"他大笔一挥，写成一篇辛辣十足的论文，狠狠扔到尼达姆头上，震动了整个科学界。街头巷尾，到处都有人在争论斯帕兰札尼和尼达姆孰是孰非。十八世纪的人们不再崇信神创论，从心底里讨厌存在至高无上的统治者的说法，所以他们宁愿相信生命是自己凭空产生的。然而，斯帕兰札尼的实验如此清楚明晰、不容辩驳，他的文字和话语也极其富有逻辑和说服力……

尼达姆没有坐以待毙，他本就是博取公众信任的行家，他一路前往巴黎，宣讲自己的羊肉汤实验。在巴黎，他遇见了颇有名气的布冯伯爵。伯爵富有、英俊，喜欢写有关科学的文章，并且坚信自己可以只靠大脑思考便得出事实结论（绝不弄脏华美的衣裳屈尊做实验）。不过他在数学方面确实有点东西，还用法语翻译了牛顿的著作。

尼达姆和布冯一拍即合，一个拉开架子做实验，一个负责思考和写作。两人联手，誓要创造出生命起源的伟大理论。他们对斯帕兰札尼的实验结果视而不见、充耳不闻，只要有布冯的大脑，还管什么事实呢？

我们可以想象那对搭档的对话——

"羊肉汤里原有的小生命都被煮死了，新的又是从哪里冒出来的呢？"尼达姆向尊贵的伯爵提问。

布冯伯爵挥洒想象力，进行了一会儿头脑风暴，回答："尼达姆神父，你的提问十分了不起、至关重要。你已经触及了生命的本源。在羊肉汤实验中，你揭示了生命诞生之力量，肯定是这种力量创造出生命的！"

"那我们叫它生命原力，您觉得怎么样？"尼达姆听完回答。

"好主意。"布冯点头。他拿起笔大书特书，使用的论据是纯粹的想象，而非从显微镜下或实验瓶中得到的精密观察结果。他郑重写道："我宣布，依靠神乎其神的生命原力，羊肉汤或煮熟的种子汤中诞生了微小的生命。"没过多久，生命原力成了家喻户晓的名词、解释万物生命由来的万金油。最过分的是，尼达姆不仅荣升巴黎科学研究院成员，皇家学会居然也向他伸出了橄榄枝。

斯帕兰扎尼陷入了绝境。生命原力之说海浪一般吞没了大众，没有人再愿意听他讲解精妙的实验。一个人的力量怎么抵抗整个科学界呢？万万没想到，尼达姆自己送上了反击的机会，他得意地写信给斯帕兰扎尼："你的实验有漏洞，你看，你把瓶子加热了一个小时，急剧上升的热量削弱甚至摧毁了生命原力，导致后续生命无法产生。"

斯帕兰扎尼抓住了对手送来的机会。

4

"所以，尼达姆说加热摧毁了种子里的生命原力，他进行过证实吗？他怎么看到、感受到、测量出生命原力的？好，既然他说在种子里，那我就把种子加热了看个究竟！"

斯帕兰扎尼又取出瓶子，把它们擦洗干净，用纯净的水调配出各种各样的种子汤，直到最后，工作间里挤满了瓶子——

它们蹲在高架子上，栖息在桌椅板凳上，滴里当啷占满了地板，让人无处下脚。

准备就绪，斯帕兰札尼说："现在我们把瓶子分别煮沸不同的时间，看哪一个里面长出的小生物最多。"他给瓶子分了组，全部倒入同样的汁水，放到沸水里，一组煮几分钟，一组半个小时，一组一个小时，还有一组两个小时，瓶子都被木塞封住了瓶口。假如尼达姆所言无误，那么煮了几分钟的瓶子里应该有不少活跃的小家伙，一个小时和两个小时的瓶子里肯定"一片荒芜"。等全部瓶子煮好晾凉了，他把木塞一个接一个拔下，从瓶里一滴又一滴取出液体，他镇定又焦虑地把液体放在显微镜前。突然，斯帕兰札尼爆发出一阵爽朗的笑声——煮了两个小时的液体里的小生物甚至比煮了几分钟的液体里的数量还要多，还要活跃。

"生命原力，荒谬！如果仅用木塞堵住瓶口，小生物还会从缝隙里进来。不管你怎么加热，就是把锅都烧煳了也没用，只要冷却下来了，它们该怎么滋生还是怎么滋生。"

现在，胜利又回到了斯帕兰札尼的手中。斯帕兰札尼背着手，在逼仄的实验室里来回踱步，陷入了沉思。"等等，也许尼达姆没有说错，可能种子里确实有生命原力存在，高温能摧毁它也说不定。"他接下来做了一件令人意想不到的事——也对，真正的科学家往往不同凡响。他一丝不苟地操作，想方设法从各种刁钻的角度找出自己实验的漏洞。这才是名副其实的科学态度！只有极少部分高举忘我精神、对世界充满好奇的人，才会把真理看得比自身宝贵的灵感和希冀还要重要。

他再次清洗瓶子，拿来一些种子，不过他没烧沸水，而是把它们放进烤咖啡豆的容器里高温炙烤，直到它们变成黑炭一样的颜色。他一边把"黑炭渣"用干净的水浸泡，一边咕哝：

"即使种子里真有什么生命原力，现在也肯定被烤成渣了。"

又过了几天，斯帕兰札尼再次回到烧熔封口瓶前，用显微镜查看烤煳了的种子的汤水。他的唇边勾起了一丝讥笑：每一个瓶子里取出的每一滴液体中，都挤满了活蹦乱跳的小生命，它们快乐地生活着、打闹着，即使最好的种子做的汤汁里，也不可能诞生比它们更恣意健康的生物了。斯帕兰札尼向全欧洲郑重宣布了自己的发现，世界终于对他洗耳恭听。

研究生命源起太累了，斯帕兰札尼想换个研究方向，权作休息。他选择了探索食物在人类胃中是如何被消化的这个主题，他拿自己的身体做各种残酷的实验。此外，他还在自家黑漆漆的阁楼里钻研蝙蝠如何避开各种障碍。不过他很快又回到了生命诞生的课题。这一次，他选择了蟾蜍。

不甘心的尼达姆疾呼："生命原力确确实实存在。它是某种神秘的物质。我承认，它看不见也摸不着，但它或许就是生命能够诞生的根本原因。说不定，只要给它一丝弹性极佳的空气，它便能够承受高温炙烤。可斯帕兰札尼拿沸水做实验，破坏了瓶子里空气的弹性！"

斯帕兰札尼火冒三丈，厉声要求尼达姆拿出实验证明来："你测试过空气加热后的弹性吗？"他等了一段时间，结果对方只有言语回击，根本给不出实质证据。"好吧，那我自己做实验。"他又把瓶子摆出来，瓶口烧熔封好，用火加热了一个小时。第二天他来到实验室，敲碎瓶颈。只听瓶里似乎传来"咝——咝——咝咝——"。斯帕兰札尼连忙竖起耳朵，"怎么回事？"他抓起另一只瓶子，敲掉瓶口，贴在耳边。咝咝咝——！声音又出现了。"这说明空气正在急速地从瓶子里出来，或者进去。"到底是进是出？他点燃一支蜡烛，靠近第三个瓶子。噼里啪啦——瓶子里面好像伸出了一只手，把火苗牢牢揪住，拽向瓶口。

"空气是往里进的！所以瓶里的空气确实没有外面的有弹性。也就是说，尼达姆可能是对的！"

斯帕兰札尼的胃里翻腾着，他的额头因为复杂的心情沁出密密的汗珠，他的眼前一片模糊……那个满口空话的尼达姆，居然击败了辛辛苦苦做实验的自己？还有什么能比这更让人挫败呢？

斯帕兰札尼浑浑噩噩地过了一段时间，某天晚上，他好不容易进入睡梦。嘭！脑海中一个尖厉的声音吵醒了他："快找出空气跑进瓶子的原因，说不定和弹性完全无关呢。"他睁开眼睛，静静地躺在黑暗中，突然从床上滚下来，冲向实验室，抓起一只瓶子。他已经找到证明尼达姆错误的方法了！"我用的都是广口瓶，火焰封口时出现了大量热量，热量赶走了瓶里的绝大部分空气。所以我开瓶的时候空气迫不及待地往里钻！"

5

斯帕兰札尼很清楚，尼达姆所谓的瓶外沸水损毁瓶内空气弹性的做法纯粹是无稽之谈。可光说无用，必须要做实验证明。不过要怎么既把瓶子密封好，又不将空气赶出来呢？他转动脑筋，有了！斯帕兰札尼往一个广口瓶里倒入半瓶干净的水，把瓶口凑在火焰上慢慢轮转着炙烤，让瓶口熔缩成一个小得几乎看不见的空隙，不过仍然可容空气自由通过。他静静等瓶子冷却，直到确定瓶内的空气已经和正常空气没有区别时，再把瓶口只有针尖那么细的缝隙用极其微小平静的火苗熔合。斯帕兰札尼的动作干净利落，缝隙一眨眼就消失了，一点儿没有把里面的空气弄到外面。他满意地把瓶子放进沸水里，看着它叮叮当当跳了一个小时的踢踏舞。他一边观察，一边忍不住背诵流畅的诗句，偶尔哼一串愉快的调子。然后，他将瓶子取出来，放置了几天。

这天早上，他胸有成竹地回到了实验室，将一支燃烧的蜡烛靠近瓶颈，小心翼翼地打开封口。唑——唑唑——！不过这次是火苗被瓶子里蹿出来的空气吹歪了，瓶内的空气弹性居然比外面的要大！长时间的煮沸丝毫没有损害空气，甚至还让它更具弹性。尼达姆可是信誓旦旦地说，空气弹性是他那了不起的生命原力的必要条件。瓶内空气超级有弹性，液体一滴滴地被取出来，可是哪一滴里也看不见一个能动的小生物。斯帕兰札尼把实验重复了一次又一次，带着列文虎克的不懈坚持，最终，他用大量的实验证明了自己是对的。

他以绝对胜利者的姿态，向整个欧洲大声宣告自己的实验。听到消息的尼达姆和布冯心灰意冷地委顿在地，身边破碎一地的是他们愚蠢脆弱的理论。还有什么可辩驳的呢？斯帕兰札尼用简单的事实击溃了他们全部的反击之力。

斯帕兰札尼的大名闪耀在欧洲的各大学术机构，各学会将他视为同时代首屈一指的科学代表人物；腓特烈大帝送来热情洋溢的长篇信件，并且亲自任命他为柏林科学院成员；腓特烈大帝的宿敌、奥地利女王玛丽亚·特丽莎也不甘示弱，为斯帕兰札尼奉上了帕维亚大学的教授职位——帕维亚大学历史悠久但已经颓弱，听上去好像也不怎么值得骄傲，不过女王派遣了由王室枢密院成员组成的声势浩大的委任团，远道而来，向斯帕兰札尼呈递了密封御信，诚挚请求他接受任命。好一番讨价还价后，斯帕兰札尼应允受聘为帕维亚大学博物学教授兼博物学陈列馆的馆长。

斯帕兰札尼来到帕维亚大学，发现陈列柜里空空如也，教学方法亟待改进。他撸起袖管，开设公共实验课，每次都稳、准、狠地成功完成实验，台下的学生纷纷拜服。他又从天南海北搜集了大批的奇珍异兽和罕见植物，把陈列馆填得满满当当。他的精力仿佛泉水一般涌动不竭，他的形象和刻板的书呆子科学家形象截然相反。

在繁忙的采集和授课间歇，他常常把自己关在实验室里，与微生物为伴——

一次，他在实验室自言自语："世界上所有生命都离不开空气，我要证明这些小生物也不例外。嗯，我把它们放进真空里，看着它们死掉。"他弄了一根两端敞口的极细玻璃管，一端放在存在某种活跃微生物的液体中，那些小生命飞快地挤入发丝那么细的管内。斯帕兰札尼提起玻璃管，将这一端密封，另一端连到压强很大的真空泵上，他打开泵阀，再把显微镜的镜头对准玻璃管外壁。他以为会看到生龙活虎的小生物不再划动小小的手臂，逐渐丧失活力，最终一动不动……

真空泵隆隆作响，镜头里的微生物却无动于衷，它们若无其事地忙着自己的事情，似乎根本没有意识到有主宰生命兴亡的空气这回事。它们在真空状态下活了好几天、好几个礼拜。不可能，没有哪种动物可以不依靠空气活下去，这群小东西怎么呼吸的？斯帕兰札尼一遍遍地重复实验，试图找出操作中的漏洞。在写给朋友伯内特的信中，他倾倒自己的惊诧："真是不可思议！我们一直相信，没有生命能够脱离空气而生存。现在这个观念被彻底推翻了。"

6

斯帕兰札尼赢得了学生、知识阶层，甚至开疆扩土的君主们的溢美和推崇，这让他骄傲自矜。不过实验家是他最根本的底色，若一条新的事实被证实，且与他之前提出的猜想相悖，他依然会谦卑地低下自己的头颅。

他恣意挥洒了自己的大半人生，他想要的已统统收入囊中。福兮祸兮，在他任教的帕维亚大学里，危机像一条蛰伏已久的毒蛇，冷冷地盯着他。多年来，其他教授冷眼旁观斯帕兰札尼独享荣誉和光环，不少都暗暗嫉恨，他们磨利了牙尖和利爪，伺机而动。

斯帕兰札尼乐此不疲地探险采集，他将原本空荡荡的博物学陈列馆变成了全欧洲的焦点，在他的故乡斯堪迪亚诺的家里也有部分私人珍藏。满怀嫉妒的卡农·沃尔塔来到斯堪迪亚诺，耍了花招溜进斯帕兰札尼的私家博物馆。他四处翻找，突然嘴角露出一丝邪恶的微笑：角落里放着几只装标本的小罐子，一个里面是只小鸟，另外一个里面是条鱼；重要的是，罐子上都贴了帕维亚大学的标签！沃尔塔把它们藏到深色斗篷下偷走了，他已经迫不及待地要实施自己的毒计了。

沃尔塔、斯卡珀、斯格珀利炮制了传单，给欧洲每个学会和有名望的人那里都投送了一份，上面指控斯帕兰札尼卑劣地从帕维亚大学偷走标本，私藏在自己家里！

听到这个消息，斯帕兰札尼如遭雷击，他此时正巧不在帕维亚，他从没想到会被朝夕相处的同事背后捅刀。不过没几天他就恢复了镇定，并且决定返回帕维亚迎战。他做了充分的准备，包括召集临时调查协会和一帮自己的支持者。

在前往帕维亚的路上，我不知他做何感想，他是否设想过自己一副灰头土脸的狼狈，旧日的追随者们避他如蛇蝎，所到之处，恶意的窃窃私语如影随形？恐怕他心中已做好了这样的准备。等他真正站在城门前，迎接他的学生潮水般涌来，他们告诉他自己绝不会背弃他，他们一路欢呼簇拥着他回到讲台，曾经志得意满的骄傲男人哽咽了，他揉了揉鼻子，尽力连贯地告诉学生们他们的信任对自己意味着什么。

他与指控者们对簿公堂，你了解斯帕兰札尼，可以想到是怎样一番场面。他提交了证据，证明被指控偷走的鸟本就质量不佳、羽毛脏污，放到一所国家高校的陈列馆并不会增彩，所以一早被筛除了；至于陈列馆丢失的蛇和狍狳，是他拿来与其他博物馆交换了，帕维亚大学是交换的获益方。不仅如此，他还证实了控诉的主力沃尔塔从博物馆偷盗珍贵宝石，送给了狐朋狗友……

法官们当庭宣布他无罪。大获全胜的斯帕兰札尼转身继续投入捕猎微生物的事业中。

观察了微生物好多年，他曾无数次好奇它们是怎样繁殖的。在给朋友伯内特写信时，他提到自己决定解开这个谜团。也是巧合，没过多久他读到了一篇极佳的论文，上面说当你看到两个微生物黏在一起时，它们不是在交配，而是一个老生命以奇妙的方式分裂成两个新生命。作者德·索热尔肯定地表示，这是微生物繁殖的唯一方式。

斯帕兰札尼大为震惊，但是经过显微镜前大量细致的科学观察，他不得不承认索热尔是正确的。有一个叫埃利斯的英国人写了一篇文章，痛斥索热尔的微生物分裂繁殖说大错特错，并声明那种情况应该是致命撞击的现场："一个小生命在水里高速前进，突然拦腰撞向另一个同伴，把它一分为二！"

埃利斯还写道："小生命是由它们母体产下的，个头大一点的是母体。通过显微镜进行细致观察可以看到，幼体开始是存在于母体中的。你也许不会相信，若看得再仔细一些，在幼体中甚至出现了母体的孙辈。"

"胡说八道！"斯帕兰札尼忿忿地想。应该怎么驳斥埃利斯呢？他立马想到了一个好主意，"我只要把一只未长成的小生物单独分出来，不让它靠近任何一个同伴，然后坐在显微镜前看它会不会变成两个，不就行了？"但怎么把目标小生物独自取出来呢？你又不能伸手去拿，否则成千上万个它的亲戚朋友也会一起被带出来。要想捉住它，得让它放大个上百万倍才行。

他来到实验室，在一片干净剔透的玻璃片上，小心地滴了一滴装满了微生物的汁水。然后，他用一根发丝那么细的管子滴了一滴纯净的蒸馏水（里面一个小生物都没有）到玻璃片上，并且让蒸馏水落在挤满了微生物的汁水旁边。

"现在，我来抓一只。"他把镜头对准有微生物的液体，取出一根干净的细针，屏住呼吸轻触那滴液体，他用针尖在蒸馏水滴中画出一条细细的"运河"。他飞快地把镜头转向"河面"，满意地咕哝一声，一个摇头晃脑的快乐小生物正在横渡"运河"。——"捉到了！一个小到家的家伙，单独一个在水里！"他抓起一把小驼毛刷子，瞅准机会，用刷子快而轻地抹平"运河"，欻，一下子截断了其他小生物跑去蒸馏水和那个孤零零的小家伙会合的机会。

他正沉浸在得意中，但见独自一人的小生物身体拉成了一根平滑的小棍子，中间部位越来越细，越来越细。慢慢地，上下两部分连接处宛如蛛丝那样欲断还连。变粗了的两头剧烈地挣扎扭动，最终猛地一分为二。看，液体中轻微晃动的两个小生物，和原来的一模一样，只不过个头稍微小一些。更神奇的是，二十分钟后，每一个小生物又各自分裂成两个。现在，蒸馏水里有四个完全一样的小家伙了。

7

1799年，拿破仑奋起砸烂旧世界，贝多芬用自己第一部铿锵有力的交响曲震开了十九世纪世界的大门，斯帕兰札尼也是澎湃着反抗精神的战士。不幸的是，1799年，这位伟大的微生物猎人中风了。三天后，病床上的他抬着依然精力充沛、斗志昂扬的头颅，迎接陪伴他走完最后一刻的朋友们。

斯帕兰札尼自认是探索新纪元的英雄，曾经自比哥伦布和维斯普西。关于微生物的毒性，我们没找到他留下的只言片语，不过相信他的天赋与直觉一定曾向他耳语过：这种新世界里的奇妙生物，肯定对人类有着尚未知晓的重大意义。

巴斯德
微生物是人类的威胁！

1

　　1831 年 10 月，法国东部某个小村子，铁匠家门前围着一堆人，一个八九岁的男孩满脸惊恐地推开人群，"嗵嗵嗵"跑走了。现场一片嘈杂，除了门口大伙的阵阵惊呼，还有门内受害者传来的声声呻吟。那人叫尼古拉，是个农民，刚才被一头疯狼咬伤，狼嘴上涎水滴滴答答，两颊满是白沫。被吓到的男孩叫路易斯·巴斯德，是阿尔布瓦村一名硝皮匠的儿子、乌德雷斯勒伯爵手下一个农奴的曾孙。

　　斯帕兰札尼已然离世三十二年，微生物捕猎再次陷入停滞。新的科技风起云涌，呼啸怒吼的火车头惊飞了欧洲和美国的骏马，电报也即将诞生。微生物这种肉眼都看不见的东西，似乎早已不合时宜，遭人鄙弃。

　　过了几个礼拜，被疯狼袭击的八位受害者全部死于恐水症的窒息焦渴。"爸，为什么狼或者狗会发疯？为什么人被它们咬了会死？"路易斯·巴斯德问。父亲回答："狼被恶灵附了身，天要你死，你肯定会死，谁也帮不了你。"你听，上百年过去了，民众的蒙昧依然和列文虎克时代一样。况且，关于这个问题，即使当时世界上最有智慧的科学家和最高明的医生也给不出更好的答案。1831 年，为什么被疯狗咬了会死依然是个谜。

从小到大，巴斯德学业一直名列前茅，不到二十岁已经成为贝赞松学院实际上的助教。后来，父亲送他到巴黎的师范学校进修。巴斯德决心在那里干出一番事业。不过，记忆里家中熟悉的硝皮味勾起了他浓浓的思乡之情，压倒了他的雄心壮志。回到阿尔布瓦待了一段时间，他下定决心再次来到巴黎，一心钻研学业。他沉迷化学，常常眼含热泪、心驰神摇地陶醉于化学家杜马斯的授课中。他认定自己也会成为一名了不起的化学家。

巴斯德深深俯下自己的瘪鼻梁和宽额头，埋首在繁复的化学晶体中。当时，有两个人仍旧在坚持探索肉眼看不见的微生物：一个法国人，一个德国人。法国人卡尼亚尔·得·拉·图尔，谦逊又富有独创精神，1837 年，他从啤酒酿造桶里捞出几滴带泡沫的液体，用显微镜仔细观察。咦？酵母水滴状的圆弧边缘伸出了小芽，好像种子发芽一样。图尔惊呼："这些酵母是活的，它们也和其他生物一样可以繁殖。"他继续深入研究，发现若是没有酵母，或者说，没有活的酵母，啤酒花和大麦都无法酿出酒。"肯定是酵母的生命力将大麦变成了酒。"不过，没几个人理会他。

同年，德国的施沃恩博士发表了一篇篇幅短小、句子冗长的文章，大意是只有在看不见的小生物入侵破坏的情况下，肉才会腐败。"把肉煮熟煮透，放进一个干净的瓶子里，让空气通过烧红的管子，进入并充满瓶体，密封瓶口，这样肉就可以好几个月仍然保持新鲜。如果一两天后把塞子拿掉，让含有小生物的普通空气进入瓶中，过不了几天肉肯定会散发恶臭，遍布扭着身子肆意享受美味的小生命。它们甚至比针头的千分之一还要小，它们是肉腐坏的罪魁祸首。"

图尔和施沃恩的发现如一根羽毛落入海中，整个欧洲没有荡起一丝波澜。

2

　　巴斯德二十六岁了，长久地观察各类晶体后，他发现世上有四种酒石酸，而在他之前，人们只发现了两种；另外，自然界中有各种奇特的化合物，它们的组成基本一模一样，只除了结构是两两镜像对称，呈现出的样子和特性却大不相同。他很快得到了头发花白的前辈的赞扬，和年龄是他三倍的饱学之士结为忘年交。他被任命为斯特拉斯堡大学的教授，继续投身研究。他和院长的女儿结了婚。

　　成了家的巴斯德不改作风，依旧把全副精力浇筑在攻克结晶上，不过他的各项实验纷纷进入了死胡同，所有努力均被证明是徒劳。他跑到里尔，担任里尔学院的教授以及院长。不过他不愿放弃自己的研究，当局表示，可以支持他继续开展高精尖的学术实验，"但是我们想要的，是您的科学与我们里尔的工业发展紧密糅合……若是您可以提高我们甜菜的含糖量、提升啤酒的产出水平，我们也会回馈您好的待遇。"

　　巴斯德一点儿也不排斥用科学换取面包和黄油。他礼貌地听完，决定找机会露两手，给他们看看自己并非空有理论。正在这时，用甜菜酿酒的毕格先生满面愁容地来到巴斯德的实验室："教授，我们的发酵过程出了问题。每天都损失大几千法郎。可以请您去我们工厂看看情况，帮帮我们吗？"

　　虽然对酿酒一无所知，巴斯德还是立马和他一起去酒厂看个究竟。他闻了闻变质的酒桶，并没有酒的味道。他舀出里面一些灰乎乎的黏液装进瓶子带回实验室，当然也没忘记带上泡沫正常的桶里的浆体，那些可是源源不断产出了丰醇美酒的浆体。坐在实验室里，他挠了挠头，决定先从正常的酒液开始。他取出一滴，调准显微镜，没想到里面有大量的微型球状物，比他见过的最小的晶体还要小得多；小球是淡黄色的，内部满是活跃跳动的斑点。

"那是什么？"他一脸迷惑，随之又恍然大悟，"对啊！嘻，我早该想到的，这就是让糖分发酵成酒精的酵母啊！"

他再次俯身细看，小球有的三五成群，有的连成一根长长的链条。没一会儿，令人惊讶的一幕出现了，奇怪的芽从小球的边缘冒出，仿佛酵母"种子"发了芽。巴斯德大喊："卡尼亚尔·得·拉·图尔是对的，酿酒的酵母是活的，是它们把甜菜变成了酒！不过这还帮不上毕格先生，出问题的桶里又发生了什么呢？"他取出一点散发着怪味的液体，闻了闻，用一个小放大镜观察，再尝尝；把蓝色试纸条蘸进去，试纸变红了。他又滴了一滴放到显微镜下看个不停……

"坏掉的酒里一个酵母的影子都看不见，它们去哪儿啦？咦，有一堆不知道是什么的东西，怎么回事？它们难道起了什么作用？"他把瓶子凑到眼前，结果什么也没看到。等等！不对！里面有种形状奇怪的物体！"一些灰色的小斑点扒着瓶子内壁，但是更多的漂在液体表面，有活酵母、产酒精的正常液体中完全没看到这些。"他费了点力气从瓶中取出一个斑点，将它放进一滴干净的水里，拿到镜头下……

巴斯德一生的重要时刻猝不及防地出现了。

眼前没有圆圆的酵母，某种完全不同、从未见过的奇怪生物跳跃着挤作一团。仔细看，它们的形状像小棍子，有的奋力跳着独舞，有的像船桨一样顺水漂流，不过每一个都扭来扭去，带着奇异的无法遏止的生命力。他不敢贸然判断它们的大小，应该比酵母还要小得多，若硬要他说一个数字的话，大约是两万五千分之一英寸长。

巴斯德整夜辗转无眠，第二天一大早，他迈着两条矮树桩一样的腿跑去酒厂。毕格不在，不过无所谓了，巴斯德眼中只有跳舞的奇怪小棍。每一个变质酒桶内，他都找到了数百万个"小棍子"，灰蒙蒙的液体总有一股馊牛奶的味道，却没有酒味。突然，一个石破天惊的念头在他的大脑里炸响："那些'小棍子'也是活的，也许'棍子'在酒桶里和酵母打了一架，大获全胜。牛奶变酸的幕后黑手也是它们，它们把牛奶发酵变酸，就像酵母发酵出酒！"

　　巴斯德深信自己已经解开了上万年的发酵未解之谜，片刻之间，脑子里已经回响着一百个待执行的复杂实验计划。不过他仍然将里尔工商业发展和给学生传道授业摆在首位。除了把实验室的一部分辟出改建为粪肥实验站，他还领学生前往瓦朗谢讷的酿酒厂和比利时的铸造厂参观学习。只有趁工作间隙，他才能研究显微镜下的"小棍子"。他想到了一个方法，能够证明这些"小棍子"有生命，并且能证明虽然它们小得不可思议，却能够做到巨人也办不到的事——把糖转化为乳酸。

　　巴斯德是这样考虑的："首先，我不能直接在那些灰色的乱成一锅粥的甜菜浆里研究。我得找到一种清澈的液体，既让'小棍子'正常存活，又方便观察它们怎么繁殖生长。"多次尝试失败后，他终于制出一种特别的培养液：先用纯净的水煮酵母，然后把酵母全部过滤掉，加入少量的糖提供适当营养，以及一点碳酸钙防止糖水变酸。他用一根极细的针从酸不拉唧的水里捞出灰色颗粒，小心翼翼地"播种"在干净的糖水中，再把盛糖水的瓶子放进恒温炉。

　　等待，焦急又紧张地等待。

　　心不在焉的第一天，瓶子里没有变化。

　　第二天依旧如此。天快黑的时候，巴斯德拖着灌了铅的双腿走进实验室，失神地念叨着："也许世界上找不到一种清澈的溶液可以让'小棍子'生长繁殖。不过我还是再看一次吧……"他将瓶子朝着煤气灯的方向举起，身后的墙上，幽幽的光线描画出人与瓶的黑影。"里面发生了变化，昨天'种'的灰色斑点冒出了一排排的小气泡，还出现了很多灰色的斑点！"

巴斯德取出一滴放在显微镜下。找到了！数百万个活蹦乱跳的"小棍子"正快活地你推我搡。他念念有词："它们繁殖了！它们活下来了！"然后他扯起嗓子大声回应请求他吃饭休息的妻子，"知道啦，等下过去！"妻子等了几个小时，始终没有看到他的人影。

之后几天，他重复着同样的实验，每次都得到十几亿枚"小棍子"。巴斯德不像列文虎克顾虑得那样多，他把这个消息大声向全世界宣告。当然，也告诉了毕格先生："只要酿酒桶里没有这种棍子形状的生物，便能确保得到美酒。"虽然我们不清楚毕格先生有没有找到让酒桶不产生"小棍子"的方法，但是巴斯德已经不在乎了，他心里只装着这个重要的事实：发酵的根由，是一种肉眼不能直接看到的鲜活生物！

巴斯德没有助手，甚至连一个帮他洗瓶子的伙计也没雇过。那他是怎么操持杂乱的事务的？一半是因为他确实精力过人，另一方面也要感谢巴斯德太太。根据他们夫妇共同的朋友鲁克斯所说，她"爱他至深，甚至因为爱他而理解他的工作"。其实前面我一直没说，巴斯德的夫人多年来默默支持着痴恋科学的丈夫，丝毫没有怨言，她始终坚信他未来会有不朽的成就。无数个清冷的夜晚，当巴斯德在实验室埋首于瓶瓶罐罐时，她展平他皱巴巴的笔记本，将潦草的文字誊成清晰漂亮的文书；有时，这位坚毅的母亲先一个人把孩子哄睡，再端端正正地坐在直背椅上，面向一张小小的桌子，把丈夫的口述整理成科学文章。巴斯德就是她的生命，既然巴斯德眼中只有工作，那么她愿意把自己的生命和他的工作交融……

3

一天，巴斯德对妻子说："我们去巴黎，我刚拿到师范的教务主任和科学研究负责人的工作。这是我的大好机会。"

他们来到巴黎，却发现这里只有几间脏兮兮的实验室，还得和学生共用，更不用提研究微生物所必需的科研经费了。巴斯德把又脏又旧的教学楼翻了个遍，终于在吱吱呀呀的顶层找到了一间供老鼠玩耍的房间。他把老鼠赶走，宣布这就是他的实验室，并且弄到研究费用，置办了显微镜、试管、烧瓶。你问钱是哪里来的？抱歉，我也挺好奇。

巴斯德想："显微镜告诉我，在酿出酒的酒桶中，正是酵母使糖转化成酒精，比如大麦变啤酒，葡萄变红酒。错不了，虽然还没切实证明，但这一点毋庸置疑。"他兴致勃勃地爬上阁楼，准备做实验来验证。

然而科学界并不认同他的观点。化学王子、德国科学家李比希站出来公开表示反对："糖转化为酒精与酵母无关，蛋白才是必不可少的物质，是蛋白将糖分解并最终变成酒精。"巴斯德暗暗下定决心："我要在完全不含蛋白的液体中培育酵母，如果糖依旧能够转化为酒精，就让李比希见鬼去吧！"说起来简单，给酵母找到不含蛋白的食物却很难。酵母口味十分挑剔，连续忙了几个礼拜一无所获，烦躁不堪的巴斯德在破败透风的阁楼里来回踱步，嘴里不停咒骂。

其实他不用着急，转机正在拐角等着他。某天培育酵母时，他不小心将铵盐弄进蛋白液里，没想到过了一段时间，蛋白液中的酵母长出了边芽，铵盐却消失了。"酵母吃掉了铵盐，有了它们，也许不用蛋白酵母也能生长！"他准备好干净的烧瓶，倒入蒸馏水，小心称量了纯净的糖放入水中，再投进铵盐——他用的是酒石酸铵。巴斯德拿来一个杯子，里面装满了朝气蓬勃的、长着芽孢的酵母，他从中浅浅地舀出一小勺淡黄色液体，放入不含蛋白的培养液里。巴斯德整晚都睡不着，天刚蒙蒙亮，他便冲到恒温箱前，取出烧瓶。他打开瓶盖，将小小一滴云絮状的液体放到两片玻璃片之间，调整显微镜镜头——

"它们，是它们！可爱的、长出芽的、生机勃勃的酵母，多得数也数不清！看，这些是我昨天种进去的老酵母，它们繁衍出了后代！"而且铵盐培养出的酵母液体里也产生了酒精。"李比希错了，蛋白不是必需的，是酵母，酵母的生长让糖发酵了。"他注视着弯弯长长的瓶颈，凝结的酒精像断了线的泪珠似的，顺着内壁簌簌滚落。为保险起见，接下来的一个礼拜里，巴斯德把实验重复了无数次。千真万确！只需加入铵盐和糖，水里的酵母便会蓬勃地长出幼芽，大量碳酸气泡冲到颈口，瓶里的液体变成了酒精！

从六月直到九月，巴斯德通过大量实验对酵母的效力展开了深入研究，最后他大声高呼："只要给酵母足够的糖，它们就会开足马力工作三个月甚至更久！"

万事俱备，巴斯德从探索者化身面向公众的宣讲人、惊人奇迹的展示者、微生物原理的传道士。论文、演讲，他傲慢地把自己的证据砸向李比希，并理所当然地掀起了一场风暴。教过巴斯德的教授们个个与有荣焉，曾经把他拒之门外的科学研究院奉上生理学奖，声名卓著的克洛德·贝尔纳先生、法国人眼中生理学的化身，公开用庄重的言辞称赞他。更令他激动的是，杜马斯教授——还记得他吗？当年巴斯德还是个在巴黎求学的男孩时，曾被这位教授的精彩课程感动得泪流满面——在一次演讲中对巴斯德大加褒奖。他的那番溢美之词，若是换了另一个人听，多半得脸红鞠躬，连连推拒。巴斯德可完全没有，他百分百认同杜马斯的每一个字。他那张扬、傲慢、唯我独尊的姿态确实让他树敌不少。也难怪，如果看看他这个时期（1860年）的肖像，再读一读他的文章，你会发现，他的每一根眉毛，甚至论文里的每一个学术名词以及化学式，都射出自矜高傲的刺人利箭。

在一些公正的科研工作者看来，巴斯德的研究值得赞扬，但还不算彻底，实验存在漏洞。他信心十足地用发酵出的灰色斑点制作酸奶时，瓶子里偶尔会泛出变质黄油的恶臭。这种情况下，瓶里没有那种在酒桶里搞破坏的"小棍子"。偶尔的失败以及不够严谨为他的敌人递送了反击的"子弹"，也给巴斯德带来了不眠的夜晚。为什么有时候会有变质黄油的恶心味道呢？为什么制不出酸奶呢？

一天早晨，在变质的液体中，他发现了另一种活动的微生物，它们游荡在无精打采的"棍子"中，这些"棍子"的数量本该比现在多得多。"这是什么东西？它们比'小棍子'个头大不少，像鱼儿一样悠然地慢慢转悠。"

他颇为烦闷地看着它们，直觉告诉他，它们是实验的捣乱分子。只见这些微生物首尾相连，排成一列又一列，好像塞纳河上的驳船队；落了单的几个则时不时闲散地转圈，有的还像芭蕾舞演员，做一个单脚脚尖旋转，然后平稳落地。虽然小怪物们跳啊演啊很有意思，不过它们不应该出现在这里！巴斯德试了足足一百种办法想把它们赶出去，可是每次他刚把烧瓶清理干净，它们又瞬间"变魔术"一样回来了。巴斯德脑海中突然闪过一个念头：每次液体挤满了这种行动缓慢体形又大的家伙时，瓶里便会散发出刺鼻的腐坏黄油的味道！

如此，他证明了这些"大个头"是另一种发酵微生物，能将腐坏黄油酸从糖分中变出来；不过也不能百分百肯定，因为他无法证明烧瓶中有且仅有这一种生物。事情僵持着。突然有一天，他第一千零一次盯着显微镜下的腐坏黄油微生物，结果看到在液体边缘的它们"一动不动，像拨火棍那样死挺挺躺着！"巴斯德又提取了很多液体观察，着重观察液体与空气接触的地方，发现情况全都一模一样。"是空气杀死了它们！"他骄傲地向研究院表示，自己发现了一种新的发酵微生物，可以神不知鬼不觉地把糖分变成腐坏黄油酸；另外，该生物不仅不需要空气，甚至空气还会把它们杀死！巴斯德大喊："这是人类首次发现无须空气也能生存的生物！"

好吧，这其实是第三次。两百年前列文虎克看到过同样的场景，一百年前，斯帕兰札尼也为显微镜头下那些不用呼吸便能存活的微生物而倍感诧异。虽然如此，我们仍然要对巴斯德予以赞扬，为他关于科学的奇思妙想，为他诗人般的创见，为他首次尝试证明微生物屠杀了人类——他在论文中作出假设：正如世上存在腐臭的肉一样，世界上也有腐坏的疾病。研究过程中的腐肉和恶臭令他作呕，但巴斯德从未退缩，他十分得体地引用了拉瓦锡①的话："公共用途以及人类福祉使得最恶劣的工作也变得高贵，只有浸染新知的人才能燃起克服困难的激情。"

4

巴斯德在多个烧瓶中灌入部分没有被外界污染的牛奶或尿液，他把瓶子置于沸水中熬煮，再用迸发的火焰把细细的瓶颈密封。他耐心等了几年，之后，他打开瓶口查验，发现尿液

---

① 安托万-洛朗·拉瓦锡，十八世纪法国著名化学家、生物学家，被誉为"现代化学之父"。——译者注

和牛奶完好如初,而瓶内液体上方的空气氧含量也几乎没有变化——没有微生物,牛奶就不会变质!他又在对照的烧瓶里倒入同样的液体,但并没有煮沸就将瓶颈封住,任由静默无声的微生物大量繁殖,最后,他检测瓶内空气,氧含量几乎为零。也就是说,微生物呼吸氧气,再反过头来把滋养它们的食物毁坏殆尽。

和斯帕兰札尼一样,巴斯德也不相信微生物是从牛奶或者黄油这种无生命的物体中凭空冒出来的,它们绝对有母体!他认为,无论是圆圆的酿酒酵母、酸奶"小棍子",还是其他观察到的微生物,都存在于空气中。按照他的想象,空气里充满了看不见摸不着的小家伙。其他微生物猎人已经证明过空气里有微生物,不过巴斯德制作了复杂的器械再次证实了这一观点:他往两头开口的小玻璃管里捅入火棉,一端连上抽吸泵,另一端放在窗外,利用吸力使外面花园里的空气穿过火棉,然后他再小心地清数火棉中有多少微生物。他又费心做了一种器械,在不接触外界的情况下,他把满载微生物的火棉放入营养液里,观察微生物是否会生长。另外,他还复制了斯帕兰札尼的绝妙实验:往圆瓶子里倒入营养液,用呲呲啦啦的火焰烧熔封口,煮沸几分钟。经过这样的处理,瓶子里没有出现微生物。

可是反对者们大声嚷道:"没有微生物,是因为煮沸液体时连带着把瓶里的空气也加热了,滋生小生物需要的是自然的空气!"他们振振有词,可惜只是言语的巨人、行动的矮子,没有人做实验加以证实。

巴斯德绞尽脑汁,想找出既让下方的营养液被煮沸,同时保持上方的空气不被加热的方法,还要得到液体里没有鲜活微生物的实验结果。真是棘手。他的仪器越来越精密,他的实验越来越多地受到外界的影响,结果也越来越不清晰,巴斯德原本简明有力、直击重点的实验风格，逐渐被长篇大论的论述文字取代。一句话，他陷入了瓶颈。

正在他郁郁之时，一位名叫巴拉尔的年迈教授走进巴斯德的实验室。巴拉尔是药剂师出身，曾因为发现了溴元素惊艳科学界，此时他已经不再醉心研究，毕竟发现溴元素足够让他扬名天下了。不过他喜欢四处了解别人的实验室里在研究什么。

巴拉尔懒洋洋地听巴斯德说完，问他："你我都相信酵母汤里不会自己蹦出微生物，你我都相信它们是随着空中的尘埃一起落入或潜进汤里的，不是吗？"

"没错，"巴斯德回道，"可是……"

"听我说！"巴拉尔打断了他，"你为什么不试着把营养液放进瓶里加热，然后让瓶口可以流通空气却不容尘埃进入呢？"

"但怎么做到呢？"巴斯德一头雾水。

"很简单，取一个圆肚玻璃瓶，放入营养液，用火焰把瓶口烧软，趁着热度还在赶紧把瓶颈拉长，拉成一条向下的细管，让管子打个弯，形状像低头从水中啄食的天鹅脖子那样——"巴拉尔顺手画了一幅简图：

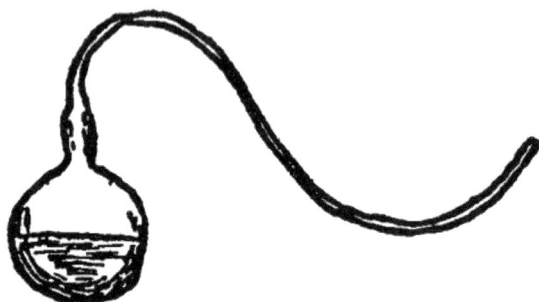

巴斯德在一旁看着，忽然明白了其中的奥妙："对啊，微生物不会落入这样的瓶子，因为没有外力帮助，灰尘不可能向上

飘！妙啊！"

　　巴斯德和助手们——他现在已经有助手了——一起动手实验，很快万事俱备，只待时间的检验。过了半小时，他忍不住打开恒温箱，只见装有煮沸营养液的天鹅颈瓶子里，没有一个微生物出现，第二天、第三天，依旧"空空如也"。毫无疑问，巴斯德的设想终于成功得到证实——凭空出现微生物的论断完全是谬论。

　　巴拉尔再次来到巴斯德的实验室，他微微笑着，听巴斯德竹筒倒豆子一般把过程飞快讲了一遍，开口道："正如我所料。当瓶子冷却、外面空气进入时，灰尘和微生物也从狭窄的瓶颈溜进去，不过它们被瓶管湿漉漉的内壁粘住了。"

　　"是这样没错，可是我们怎么证明呢？"巴斯德满脸困惑。

　　"只需一只这些天你一直放在恒温箱里的瓶子。你看，它里面的液体不含微生物，你把瓶子颠倒摇晃，营养液也顺着瓶壁来回颠簸，包括在天鹅颈的那部分。摇晃充分后再把瓶子放回恒温箱，第二天早上，汤里会长满层层叠叠的小生命——粘在瓶颈的微生物获取了能量，大量繁殖。"

　　巴斯德照做，果真如此！不久，在一次群英荟萃的科学大会上，他喜不自胜地介绍了天鹅瓶实验结果。"凭空冒出生命的理论被简单的实验彻底打倒在地，再也站不起来了！"台下掌声雷动。

　　巴斯德继续研发了一项实验。仔细地查阅了各种史料和记录之后，我打包票这确实是他独创的。实验规模不小，甚至要坐火车横跨法兰西。不卖关子了，我还是先介绍一下前期工作吧：他们准备了数百个圆肚玻璃瓶，每只灌入部分营养液，浸入沸水里煮几分钟，在酵母汤还冒着泡的时候用火封住瓶颈。这样一来，每个瓶里装好了煮沸过的营养液，并且是真空的。

他们带着数十只瓶子踏上征程。第一站是巴黎天文馆，这所著名的天文馆曾是伟大的天文学家勒威耶工作的地方，他完成了预言海王星的存在的创举。站在潮湿的地下室，巴斯德对助手们说："这里的空气凝滞、平静，应该几乎没有灰尘以及微生物的存在。"他们手举酵母汤瓶，用烧得通红的钳子，把十只瓶子的密封颈依次敲开。每个颈口破裂后都发出"嗞嗞嗞"的声音，那是空气在迫不及待地往里挤。过了一会儿，他们把瓶颈再一次用火封起来。在天文台的院子里，他们对另外十只瓶子进行了同样的操作，接着飞快地把二十只瓶子全部放入恒温箱。

　　几天过去，巴斯德蹲在箱前，充满爱意地抚摸一排排实验瓶，发出极其罕见的带着胜利姿态的大笑——他只有在发现自己绝对正确时才会放声大笑。他草草记下什么，转身对助手说："我们在天文台地下室打开的十只瓶子中，有九只干净得很，完全看不见微生物。院子里打开的十只瓶子里都长满了活蹦乱跳的小家伙。是空气，或者说，是空气里的尘埃把它们带进营养液的。"

　　他带着剩下的瓶子跳上火车，回到老家汝拉山区，爬上普沛峰，打开了二十只瓶子；他又去了瑞士的勃朗峰，让空气"嗞嗞"叫着冲进瓶里。他发现，正如自己希望的那样，开瓶的地方越高，后续瓶里能长出微生物的瓶子数量越少。"确实如此，海拔越高空气越纯净，灰尘越少，粘在灰尘上的微生物也越少。"他心满意足地回到研究院，公布了震惊世人的结论：光有空气不可能致使微生物在酵母汤中滋生。他甚至想登上热气球在高空进行实验，不过不用了，听众们已然视他为科学的化身。他是微生物捕猎的先驱者，是尤利西斯①。

　　不过他的敌人们并不轻易言败。有几位博物学家就是不承

①　罗马神话中的英雄，以足智多谋、英勇善战著称。——译者注

认微生物不能凭空诞生。他们仿照巴斯德在瓶子里注入营养液，不过不是过滤后的酵母汤而是干草汁；他们同样使瓶内真空，封好口，马不停蹄地赶到比利牛斯山脉的马拉得塔峰，一直攀到比巴斯德在勃朗峰做实验还要高的海拔上。冰川崎岖陡峭，猎猎寒风凶猛地嚎叫，毫不留情地拔出利刃，刺穿他们的厚外套。几位博物学者打开瓶子，其中的乔利先生没站稳，差点跌落深渊，要不是导游眼疾手快抓住他的衣摆，乔利先生可真成了科学的殉道者。缺氧、严寒简直要将心脏撕裂，一撮人跟跄着返回附近的一家小酒馆，把瓶子放入一个临时做的恒温箱。几天后，他们兴高采烈地发现，干草汁里密密麻麻都是活跃的小生物。巴斯德说得不对！

当当当！擂台打响，双方你来我往，吵得不可开交。乔利、马赛特向巴斯德发出挑战，各自进行实验，然后由科学研究院公证。好，这架势看来是不死不休了。没想到最后关键时刻，巴斯德的敌人却临阵退缩了。于是，巴斯德的成功再次被肯定，流传于世。

可幸之于巴斯德，可叹之于真理。乔利等人的退缩使真相被继续掩埋。其实，两方都没有错。数年之后，一位了不起的英国人发现，干草上存在可以顽强忍耐数小时煮沸环境的微生物。这个英国人名叫丁达尔，所以是丁达尔解决了这场争论，巴斯德的胜利是由丁达尔最终宣判的。

5

巴斯德的风头一时无两，甚至受到了拿破仑三世的召见。不过隆隆的声望没有阻挡他对科学以及科普的热情。世界必须知道微生物一定得有母体才能诞生！在巴黎的索邦神学院，他举行了一次演讲，与会听众有小说家大仲马、"伟大女性"乔治·

桑等上百位重量级人物。当晚，他用灯片展示了十几种不同的微生物。突然，讲堂里灯光熄灭，伸手不见五指，一道神秘的光束直插黑暗，随之响起的是巴斯德高亢的嗓音："看，光路中跃动着成千上万的灰尘颗粒，大厅的空气里弥漫着尘埃，这些看似毫不起眼的东西，你可千万不要小瞧，因为它们有时会携带疾病、播散死亡，斑疹伤寒、霍乱、黄热病，以及很多要人命的病厄！"现场静极了，一根针掉下的声响都能听到，大家被他的肃穆言辞震慑，齐齐打了个寒战。

不久后，他听说家乡阿尔布瓦的葡萄酒生产出了大问题，整个产业岌岌可危。他收拾了几箱实验器械，带上一名叫杜拉克的助手，匆匆赶回阿尔布瓦。他们搭起条件简陋的实验室，巴斯德穿梭于许久未曾谋面的老友中间，寻来发苦的酒、口感差劲的酒、黏稠油质的酒。根据他以前的研究可知，是酵母把葡萄果汁变成了酒，他确信，这次肯定也有某种微生物在发挥作用。

果然，他把显微镜镜头移到口感很差的红酒标本上，里面挤满了微生物，形状好像串珠；发苦的酒则是被另一种微生物"感染"了；变质的酒桶里又是另一种。他把当地的酿酒师和酒商一起喊来，给他们展示魔术："给我拿六瓶出现不同问题的葡萄酒。别告诉我酒出了什么问题，我不用尝就能知道。"

这家伙说什么大话呢？在酿酒师们一阵轻蔑的哄笑里，酒被取来了。巴斯德捏着一根细长的玻璃管，吸取一滴酒液滴在两片玻璃之间，放在镜头下观察。时间一分一秒地流逝，巴斯德一直没说话，忽然，他抬头看向他们："这瓶酒没有任何问题，请把它拿给品酒师，看我说得对不对。"

品酒师接过尝了尝，他的红鼻头不情愿地耸起来，却也不得不承认巴斯德猜得没错。原来，他们偷偷掺了一瓶佳酿，准备好好戏要一番这个自大狂。一长溜酒瓶，巴斯德挨个试过去，他宣布是"苦酒"，它就是苦酒；他说另一瓶变质了，品酒师也回答确实变质了。

本来准备看笑话的酿酒师们含混地表示佩服，不过离开前纷纷举起头上的帽子表示敬意。得到信服的巴斯德和助手马上继续工作，着手解决如何避免有害微生物侵入葡萄酒这一课题。最后他们发现，如果在发酵完成后马上把酒加热，即使只是微微加热，远无须到沸腾的程度，便可以确保不该出现在酒里的微生物被杀光，酒也不会有问题。这项技术便是如今世人皆知的巴氏杀菌消毒法。

现在，法国东部的酿酒师已经知道如何使葡萄酒不再出现问题，不过中部人民却吵嚷起来，要巴斯德拯救他们的制醋业。巴斯德匆匆来到图尔，他在检查制醋的桶时，看到液体表面浮着一层很奇特的浮渣。场主解释道："必须得有那种浮渣，否则不能产出醋。"没过多久，巴斯德便调查清楚了，浮渣是无数个微生物的集合。经过一番测试、实验与思索，巴斯德告诉大伙，在由葡萄酒变醋的过程中，微生物发挥了关键作用，实际上，它们在几天之内便吞噬了重量是自己一万倍的酒精，还顺便产出了醋。真是不可思议，这么小的东西却做出了这么大的事情，打个比方，就像一个体重两百磅的男人在短短四天内剁了两百万磅的肉！大家恍然大悟。

巴斯德思考着微生物魔鬼般的能力，他想到，假若有一种微生物侵入了公牛、大象或人的体内，它们个头和威力不用比制醋的微生物大，但也足以杀死入侵对象了。

离开图尔前，巴斯德教会了当地民众怎么培育并照料那种变酒成醋的微生物。此后，他在巴黎的实验室静静工作了一段时间。没多久，1865年的一天，命运再次替他吹响了微生物捕猎的号角。不过这回命运乔装成了杜马斯，他的老教授。杜马斯请求巴斯德从一位科学家变成蚕的医生。

"蚕出什么事了？我对它们一无所知，我甚至连见都没见过！"巴斯德连连拒绝。

6

"南方的蚕丝之地是养育我的故土。我刚从家乡回来，太惨了，我吃不下睡不着，可怜的家乡啊，可叹我心爱的村庄……它曾经那样富庶欢乐，现在荒无人烟。桑树为家乡带来幸福安宁，我们称它为黄金树。美丽的梯田凋零了，人们，我家乡的亲人们，快要饿死了……"杜马斯哭诉着。

巴斯德没尊敬过什么人，他认为天底下数自己最高明，不过在内心深处，他始终对杜马斯保留着一份柔软的敬意。他必须向悲痛的老教授伸出援手！他知道，研究桑蚕，自己需要冒着惨痛失败、盛誉受损的风险。他本人厌憎失败胜于世界上其他所有，但是那份对老师孩童般的热爱与尊敬促使他对杜马斯说："我完全听您差遣，我会南下！"

他启程时，对蚕的了解还不如一个褓褓里的婴儿多。到了当地，他才知道蚕宝宝会吐丝成茧，在茧里变成蚕蛹，蛹化成蛾，破茧而出产卵，来年春天卵又成蚕。如此循环往复。养蚕人告诉他，杀死蚕的病叫蚕孢子虫病，发病的蚕表层长满了胡椒粒一样的黑点。在上千种猜想中，巴斯德最终推测，那些小胡椒粒，以及病蚕体内的古怪球状物——后者只能通过显微镜观察到，是蚕孢子虫病的唯一病因。不等完全安顿好，他便投入了实验和观测。他很快得出结论：小球确实是疾病的直观症状。在抵达当地短短十五天后，他召集农业委员会的成员，告诉他们："在公蛾与母蛾交配产卵时捉住它们，待母蛾产完卵，把两只蛾子钉在板上，破开它们的肚子，取出一点皮下的脂肪，用显微镜观察。如果都没看到小球，说明它们俩产下的卵是健康的，春天的时候培育成蚕即可。"

委员会的成员纷纷表示他们的农民不会摆弄什么显微镜，不过他们自己也有点怀疑这个办法。巴斯德反问："什么？我实验室里一个八岁的小女孩都能轻松操作显微镜，你们还不如八岁的孩子吗？"羞赧的委员会成员只好采购了一批显微镜，按照他的指令行事。巴斯德也没闲下来，他忙着四处演讲、上门查问、教授农民使用显微镜，还要在晚上口述回复信件、撰写演讲稿和学术论文——当然执笔的是巴斯德夫人。第二天一早他又去了邻村，鼓励那些心灰意冷的蚕农……

他根本没有时间对小球做进一步的实验，而疏忽的代价是致命的。第二年春天，蚕上树吐丝后，爆发了可怕的疫病。老实的蚕农一丝不苟地按巴斯德的吩咐剖开、观察、分拣，然而本该健康的蚕宝宝，哎，我都有些不忍心说了——发育迟缓、不吃不喝，甚至萎缩干枯，不等成茧化蛾便早早死掉，有气无力地吊在树枝上飘来荡去……

可怜的巴斯德，他忘了真理是一缕看不见摸不着的神秘意志，只有一步一个脚印的实验之网，才能侥幸捉住它一窥究竟。

蚕农的痛苦、责问鞭打着巴斯德，他更加努力地钻研，却始终摸不到门道。他找到一窝形态完美健康的茧，可是它们体内竟然也有那种小球；另一窝蔫头巴脑的蚕死状凄惨，巴斯德打开它们的肚子，一个小球也没找到。他彻底糊涂了，难道自己的猜想完全错了？屋漏偏逢连夜雨，一群老鼠闯进实验室，把观察用的蚕不客气地享用了一番。一伙人只好白天忙着打老鼠，晚上轮流值夜。第二天一早天还没亮便乌云密布，他又得赶忙给桑树遮雨，手忙脚乱了一整天。昏黄的灯下，腰酸背痛的巴斯德还要抽时间口述回复愤怒的养蚕人。

焦灼了几个月，巴斯德忽然冒出一个想法："如果用病蚕排泄物污染过的桑叶喂健康的蚕，它们会死吗？"他试了一下，果然健康的蚕纷纷死了。不过实验也说不上完全成功，新染病的蚕没有像蚕孢子虫病那样长出满身斑点、拖了二十五天才死去，仅仅过了七十二个小时，它们便蜷着身子一动不动了。难道那些黑点真的没有生命？巴斯德失望地停止了实验。

巴斯德的助手戈尔内兹把一切看在眼里。戈尔内兹笃信小球有生命，它们寄生在蚕身上，是杀死蚕的罪魁祸首。他用没有问题的干净桑叶饲养了四十只健康的蚕，最后得到二十七枚好蛹，钻出来的飞蛾身上没有病斑。他把病蚕碾烂，涂在桑叶上，喂给刚孵出才一天的蚕，不出所料，它们慢慢死去，身上布满了胡椒粒似的斑点。他用显微镜一看，全是活体小球。好，他将同样被污染的桑叶喂给即将结蛹的蚕，破茧而出的飞蛾身上满是微生物小球，它们产下的卵同样被污染，长成了蚕也结不出丝。坐在显微镜前的戈尔内兹兴奋地睁大眼睛：在逐渐衰亡的蚕身上，小球的个头变大了很多……

戈尔内兹赶紧找到巴斯德："解决了解决了！小球是活的，是寄生虫！出现蚕病都怪它！"巴斯德花了六个月反复验证，才敢确信戈尔内兹是正确的。他再次召集农业委员会的成员："之前说的小球不仅仅是病理表现，而且是病原，它们有生命，能繁殖，会占领飞蛾身体的每个角落。我们先前的失误是仅仅检查了肚子里的一小部分，我们得先把蛾全身都碾烂了再来观察。要是显微镜下没发现小球，来年我们就可以安心地用它们的卵！"

果然，第二年当地产出了质量上佳的蚕丝。

7

1870 年，普法战争中法军败北，普军围困巴黎，巴斯德不得不逃离巴黎，历尽艰险回到家乡。这燃起了他憎恨德国人的民族主义情绪，并决定用自己的方式复仇。欧洲人都知道，法国啤酒质量远逊于德国啤酒。这是事实，连巴斯德也不得不承认。不过他已经下定决心：他要让法啤战胜德啤，不，还不够，要让法啤成为世界啤酒之王！

他跳上船，奔赴法国各大啤酒厂，上到酒厂老板，下到刷桶小工，都被他事无巨细地盘问过。他还拜访了英国两个知名的酿酒城市——巴斯和波顿，虚心请教红面庞的酿酒专家。他的显微镜俯瞰过上千只酒桶内壁的样本，观察了球状酵母如何生芽繁殖。他偶尔会发现一个"老朋友"，就是之前在坏掉的葡萄酒里捣乱的那些家伙。于是他对酿酒师保证，只要加热一下啤酒，就能把入侵的捣蛋鬼赶出去，保质期会大大延长，这样就能把酒卖到远方。

巴斯德为啤酒研发事业兢兢业业，心底的烦闷却逐渐扩大。他讨厌啤酒的气味；更惹他烦躁的是，要成为一名优秀的啤酒科学家，必须得先成为一名优秀的啤酒品鉴师，巴斯德最讨厌喝啤酒了！他慢慢转向其他实验，与两位法国科学家弗雷米和特雷库尔，展开了有关葡萄酒的论争——

弗雷米承认是酵母让葡萄汁变成了酒，不过坚称酵母是从葡萄内部凭空出现的。巴斯德决定用实验让对方闭嘴。他准备了很多圆肚瓶，全都拉出天鹅颈，用葡萄汁灌了半瓶，接着每只瓶子煮沸几分钟，放到一边静置。几天过去了，几个礼拜过去了，每

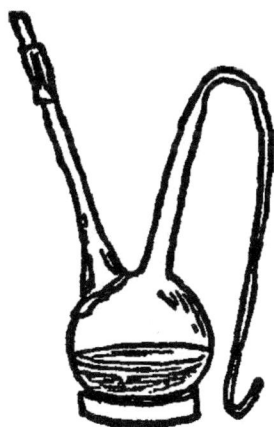

只瓶子里都找不到发酵产生的泡泡和酵母。

巴斯德跑去葡萄园摘下一些熟透了的葡萄，拿一柄煮过的干净獾毛刷，蘸着纯净的水清洗葡萄表皮。他取了一滴洗葡萄的水放在镜头下，果然，水里面包含着少许小圆球，也就是酵母。巴斯德从之前的天鹅颈瓶里随机选取十只，把笔直的玻璃管黏合在瓶上，顺着管子，往每瓶里滴入一滴洗葡萄的水。妙哉！几天后，十只瓶子里无一例外浮着快速发酵产生的粉红泡沫。洗葡萄的水还剩一点儿，他把水煮沸，随机选取十多只剩余的天鹅颈瓶，插上细玻璃管，往每只瓶里滴入数滴水，再等几天。"果然不出我所料，瓶里没有发酵反应，水里的酵母都被高温杀死了。"

别忙，压轴戏还没来。巴斯德做了一根中空的管子，一头很尖，被封得死死的。管子事先经过了高温消杀，里面保证没有任何生命，确切地说是没有任何酵母。他小心翼翼地把管子封闭的尖头插进一颗葡萄内部，用精妙的力道把管子头折在葡萄果肉里，抽出的断管口沾有一点葡萄汁水，被他送入一个装了半瓶煮沸过的葡萄汁的天鹅颈瓶中。几天后，他高声宣布对手三振出局："弗雷米完全搞错了！这个瓶里完全没有发酵反应，葡萄内部没有酵母！"

8

通过对病蚕和葡萄酒的研究，巴斯德产生了一些联想——也许某些动物的病症来源于体外看不见的微生物。病蚕痛苦翻滚的身体折射出了人类的苦难，他吹响了消灭人类病痛的希望号角："如果微小生物凭空蹦出生命是谬论，那么把疾病从地球上驱除，也是人力所能实现的！"

要想真正达成这个目标，实在是任重道远。不过有一点他完全确信："葡萄、蚕以及任何健康的动物体内都不会自己产生微生物，甚至健康动物的血液、尿液里也不例外。所有的微生物都是从外面侵入的。"

他的这番认识确实大大地帮助了人类了解疾病。英国一位名叫利斯特的外科医生寄来一封饱含敬意的信，里面说，多亏了巴斯德的理论，他们想出并实施了一种安全地为病人开刀的流程，这可以防止致命的神秘感染出现。要知道在很多医院，十个死亡的人中有八个都是因为感染。利斯特写道："请允许我奉上诚挚的谢意，您的研究妙不可言，揭示了细菌腐坏学说这一真理。您提出的简单明了的宗旨是如此重要，我的无菌手术流程因此大获成功。您的工作对人类意义重大。"

多亏了巴斯德，现在整个欧洲为微生物而痴狂。可是与微生物抢夺生命是场持久战，他吹响了号角，还需无数后人沿着他指明的方向进攻。

德国东部，一位固执的圆脑袋年轻医生接过了巴斯德手里的交接棒。他一边治病救人，一边用业余时间在老鼠身上做奇怪的实验。我们先暂别巴斯德，看看罗伯特·科赫在忙什么……

科赫
死神的对手

1

　　1860 年至 1870 年是属于巴斯德的光辉十年，他一手挽救了家乡的酿醋业，并且揪出了蚕孢子虫病的幕后黑手。与此同时，一位身材矮小、秉性严肃、双眼近视的德国人，正在哥廷根大学接受医学培训。他的名字是罗伯特·科赫。1866 年，科赫毕业，成为汉堡一所精神病院的实习医生。虽然他的梦想是环游世界，可是为了稳定的生活和新婚妻子的期望，科赫决心老老实实做一名称职的行脚医生。

　　科赫忙着骑马穿越泥淖、彻夜帮农妇接生时，苏格兰的利斯特医生正利用避免接触微生物的方式挽救产妇的生命。欧洲医学院的教授和学生已经为巴斯德的理论神魂颠倒，科赫对微生物这个即将占据他一生的课题依旧茫然无知。科赫二十八岁生日那天，太太买了一个显微镜当礼物送给他，她本意是帮助丈夫在辛苦繁重的工作之余找点乐趣。

　　不苟言笑的科赫心中压抑着疲倦、痛苦甚至厌憎："我恨自己的工作……我不是不想救那些患了白喉的孩子的命，母亲们哭着来找我，祈求我救救她们的孩子——可是我能怎么办？只有徒劳地努力，即使明知道回天乏术……若我根本不清楚是什么导致了白喉，又怎么能把它治好呢？整个德国最高明的医生都是一头雾水……"

让我们把视线转回巴黎。1873 年，巴斯德宣告自己的猜想：真正操控肺痨杀人的凶手是微生物。巴黎全体医生愤怒地跳起来反对，为首的是鼎鼎大名的皮杜医生："什么？肺结核是因为微生物？到底是哪种微生物？痴人说梦！荒谬！肺结核的病原多种多样，早已有权威论证，它是渐进性坏死和重度感染以多种方式摧毁了一个器官的血液组织，卫生学家和医生要做的，是阻止这种破坏！"

2

晚上的时候，科赫常常摆弄显微镜，逐渐上了手，比如，如何调光，还有如何清洁玻璃片。一开始，他对观察对象来者不拒，摸到什么就观察什么，想起什么就观察什么。这点不禁让我想起了列文虎克。不过，漫无目的的观察在他试图研究炭疽病的时候结束了。

炭疽病是一种让全欧洲束手无策的怪病，有时富人一夜之间失去上千只羊，太阳再次升起时，数年的经营化为乌有！有时炭疽会毫无怜悯地扼住一头牛的咽喉，把依靠它生活的穷苦寡妇逼得走投无路。白天，羊群里的某只小肥羊羔还在无忧无虑地撒欢儿，结果当天晚上忽然不吃东西，垂下了头。第二天早上，等待主人的，是它冷冰冰的僵硬尸体和恐怖的黑血。很快，同样的不幸降临在另一只羊身上，两只、四只、六只……直至羊群死光。紧接着是羊主人自己、他雇用的牧羊人、分拣羊毛的工人、皮货商，他们也接连爆出疮疖，运气差的，一场急性肺炎便能飞快地卷走病人最后一口气。

科赫取了一些死于炭疽病的牛羊的黑血，放到显微镜下。镜头里，一些小小的绿色球状物在移动，它们中间还有一些奇怪的像小木棒似的东西。"小棒"很短，数量也不多，随液体漂流，微微颤动。但也有不少粘在一起，偶尔抱团挤成一股绳，科赫计算了一下，它们还不到最精细的蚕丝的千分之一。

"这是什么东西？是微生物吗？它们一动不动，有生命吗？……也许是有问题的血液变出了这些'小棒'和'绳子'。"科赫思忖。科学界中同样关注炭疽病的还有两位法国人，一个叫达瓦因，一个叫雷耶，他俩也在死羊的血里发现了同样的东西，并且宣称这些棒状物体是杆菌，是活体微生物，是炭疽病的元凶。遗憾的是，他们并没有用实验证明自己的猜想，而且整个欧洲除了巴斯德没人相信他们。

科赫是一个从不冒进的人，他还在思索怎样确定镜头前的绳子和小棒是否有生命。他跑到屠宰场，要来数十头健康牲畜的血液。他在显微镜前停留的时间不再局限于晚上，白天也见缝插针地看个不停，有时一盯就是几个小时。"在健康动物的血液中，我一次也没见过那些'绳子'和'小棒'。但是这既不能证明它们是杆菌，也不能证明它们有生命……因为我没亲眼看到它们生长繁殖……"

科赫日渐烦躁，这个问题甚至扰乱了他的医生工作和家庭生活。他找木匠在诊室里弄出个隔间，里面除了各种死羊的黑血，还有不断变多的笼子，笼子里装满了窜来窜去的小白鼠。为什么用老鼠呢？科赫没有钱也没有条件买来足够的牛羊做实验，可"说不定我能让老鼠染上炭疽病，通过它们证明那些'棒子'真的可以生长"。为此，科赫不仅投入了自己的全部身心，还想办法亲手制作实验的各种用具，毕竟他只有一台心爱的显微镜。

科赫没有称手的注射器把毒血注入老鼠体内，实验的第一步——让老鼠染病迟迟没有迈出。也许是念念不忘必有回响，一天，科赫突然想到了一个绝对稳妥的办法：他制作出又小又薄的木片，仔细地清理干净，高温加热，杀死上面可能存在的所有微生物；接下来，他把木片浸入炭疽病黑血里，那血中充斥着神秘又静止的"绳子"和"小棒"；然后，天知道他是怎么捏住挣扎的老鼠的，他用一把干净的刀在拼命扭动号叫的老鼠的尾巴上划了个小口子，把木片塞了进去。老鼠被单独关进笼子。

第二天一早，那只老鼠四脚朝天、身体僵硬，原本顺滑的毛根根倒竖，从银白色变成铅灰蓝。科赫把刀用火烤了烤，将失去生命的小家伙固定在板子上，进行解剖，他仔仔细细探查每一个角落。"没错，和得炭疽病死掉的羊的身体里一模一样……看它的脾，又大又黑，几乎撑满了整个腹腔。"他迅速地用一把被火燎过的刀切开肿胀的脾，蘸取一滴黑乎乎的浓稠液体拿到显微镜下。

最后他轻声说："是它们，'小棒'和'绳子'……一窝蜂聚集在老鼠体内，和昨天死羊的血液里的一样。"同样的实验他重复了一个月，每一次，镜头前的死老鼠的血液里都有熟悉的"小棒"和"绳子"。它们一动不动，粗细约为两万五千分之一英寸；而在没有染病的动物体内，则完全看不到。

科赫沉思着："这些'绳子'肯定有生命，我送进老鼠身体的那滴血里仅有几百个，老鼠从得病到死只花了二十四小时，结果死时'绳子'和'小棒'暴增到几百万个！我一定要亲眼看清楚它们是怎么生长繁殖的。可是老鼠活着的时候怎么观察它的身体内部呢？"

他茶饭不思，终于想出了一个办法："我可以试试让这些'绳子'在类似动物身体的环境里繁殖。"他准备了一滴公牛眼中的水状液体，又把挤满了"绳子"的死老鼠的脾切下一丁点。"可能还不行，得在老鼠的体温环境下才能生长。"他动手做了一个用油灯加热的恒温器，将夹着牛眼液的两块玻璃片放入其中。夜深了，他睡不着，守在显微镜前，一次又一次把玻璃片拿出来，左右缓慢移动。有几回他恍惚看到了目标在变大，可是不能确定，因为其他蹦跳游动的微生物在他的视野里捣乱，它们长得十分茁壮，几乎要把短小的"绳子"和"小棍"给挤得没有立足之地。

"必须得在没有干扰的纯净环境里培育它们。"他愁得额头上堆起了皱纹。

一个简单到极点，甚至可以说蠢笨的办法在他的脑海中浮现。

科赫把一块扁平干净的玻璃彻底加热，保证没有任何微生物残留。他从刚被宰杀的健康公牛眼里取出一滴液体，滴在玻璃上。然后，他小心地将病变得最厉害的老鼠的脾切下一小点，嵌入牛眼液体——那可怜的老鼠、脾脏的主人刚刚因炭疽病过世。在牛眼液上方，他放了一片长方形的厚玻璃片，不过这个玻璃片中间是凹的，不会碰到中央的牛眼液。科赫在凹面周围抹了一圈凡士林，让两块玻璃粘在一起。他敏捷地把标本反转过来，看！悬在空中的牛眼液不再受其他微生物的侵扰。

科赫按捺住痒痒的心，拽过一把椅子，他坐下来，手持显微镜慢慢观察。灰色的牛眼液里，只有几片老鼠脾脏的碎屑，在镜头前被放大了数倍，四周是零星几枚"小棒"。他看哪看哪，好像不知疲倦，两个小时过去了，依旧毫无动静。突然，病变的脾屑中出现了奇异的一幕：漂荡着的"小棒"繁殖了，原先只有一个的地方出现了两个；看，那儿还有一个，正把自己抻成一条缠乱了的长线，越拉越长，它弯曲的身体把整个镜头的视野一分为二。没过几个小时，几块脾屑被疯狂生长的"小棒"

遮住，再也找不见，正如它的主人，于寂静无声中丢失了性命。

科赫没心思看诊了，他把玻璃片中的少量微生物重新滴进干净的牛眼液里，用同样的凹面玻璃和凡士林做出液体悬空装置。等待显微镜镜头被"小棒"们占满后，他再用新产生的"小棒"重复一遍实验。

八天后，他看着镜头："这些小棒形状的杆菌已繁殖了八代，全部都在远离其他微生物侵扰的干净环境下完成。现在，悬空液体里没有死老鼠的脾，只有夺走它性命的杆菌的后代。如果我把它们注射到老鼠或羊的体内，还能引发炭疽病吗？"

因为挤满了微生物，第八代悬空液体已变成灰色，科赫用一小块木屑在液体上微微蹭了一下，娴熟地放入老鼠皮下。第二天，科赫一边注视着解剖台上的新尸体，一边谨慎地用火烧着手中的刀。长久以来的劳心劳力使他面容憔悴，动作机械。三分钟后，他小声地对自己说："我已证实，悬空液体中的杆菌的杀伤力和第一只病鼠体内的一样。"

在所有微生物研究者里，科赫真正首次证实了一种微生物对应导致一种确定疾病。微生物看不见摸不着，像隐形的死神，毫不留情地收割了数不尽的性命。

3

科赫其人，冷静、自持、谦逊，此时他甚至未曾想过要把自己的实验成果公开，而是继续头也不抬地刻苦钻研。他把含有小棒形状微生物的液体注入豚鼠、兔子的身体，最后是羊，它们没过多少小时，统统一命呜呼，死状完全符合炭疽病症状。如此，再没有什么可怀疑的了。然而，科赫心里悬着一个问题："这些微小的炭疽杆菌明明很脆弱，放到实验室的玻璃片上很容易就死了，那么在大自然复杂恶劣的环境里，它们又是怎么存活下来，又怎么从患病动物传染给健康动物的？"

他询问农民和兽医。可当时的欧洲，对于神秘恐怖的炭疽病，只会用隐形的恶魔之剑来解释，谁又相信这屠杀万千生灵于无形的瘟疫是只有两万五千分之一英寸大的微生物引起的呢？

一位牧民问科勒："你说没有神秘力量，那为什么我们的牛羊在这片草原上没有任何问题，健壮得很，结果换到另一块水草丰美的地方就一个个都死了呢？"对此科赫也有所耳闻。比如法国奥弗涅有几片郁郁葱葱的山，到过该山的羊没有不被炭疽病夺走性命的，它们一片片地倒下，好似被风吹倒的青草。一定要找出炭疽菌在野外存活的方法！

科赫把一个长满了炭疽杆菌的脾脏在玻璃片上擦了擦，结果，细菌在自然状态下逐渐衰弱、破裂，两天不到便消失不见了。他把残留的干涸的黑血冲洗下来，注入老鼠体内，过了很久，老鼠依然在笼子里快活地乱窜。

在模拟老鼠体内温度的环境下，科赫重复了悬空牛眼液实验，结果镜头中的杆菌边界越来越模糊，上面布满了椭圆形的点，一个挨一个，像玻璃珠似的闪闪发光，仿佛一串华美的珍珠项链。科赫忍不住咒骂了一声，"肯定是其他微生物跑进来了！"可他仔细观察了一番，才发现自己错得离谱。那些亮光小球在杆菌内部，是炭疽杆菌自己长出来的！他赶紧把牛眼液弄干，小心存放，过了一个月之后再看，果然，"串珠"还在，依旧闪闪发亮。科赫滴上营养丰富的干净牛眼液，它们竟又变回了炭疽杆菌！

素来稳重的科赫也忍不住大喊："这些'珠子'是炭疽杆菌的顽强形态，耐得住恶劣的环境，炭疽杆菌就是靠它们才生生不息的！"

又经过无数次实验，科赫逐渐揭开了"珠子"的神秘面纱：它们可以存活几个月，只要放入新鲜的牛眼液或者通过木屑进入老鼠的尾巴，就能重新变身为炭疽杆菌大杀四方。此外，动物还活着的时候，"珠子"不会出现，只有在宿主刚死、尸体温度还比较高的时候才会形成——他把"珠子"和冰块放在一起几天，老鼠的致命威胁便无影无踪了。

那一年是 1876 年，科赫三十四岁，他决定把自己的发现宣告世界。

4

科赫的首次演讲来了不少听众，他们大多是一位叫可恩的植物学教授喊来的，可恩在大学任教，曾经几次写信鼓励科赫坚持研究。到场的医学家是可恩的同事，也是业界翘楚。等待他们的不是长篇大论，科赫绝非爱费口舌之人，他把一项项实验展示给浸淫医学多年的各位专家。众人的表情从漫不经心逐渐转为目瞪口呆。一个从未发表过什么科学见解的乡巴佬，是怎么做到的？

观看完科赫的一系列实验，大家张口结舌，没人说得出一个字。在场有一位名叫科恩海因的教授，他是全欧洲最有名的疾病学科学家。科恩海因转身就跑，一路狂奔，冲进自己的实验室，朝忙碌着的学生们大喊："告诉你们，有个叫科赫的人，他做出了微生物学界最了不起的发现，他没受过任何专业的训练，他足以令我们每一个人羞赧！"

七年前，巴斯德曾预言："按理来说，人类可以把寄生虫病从地球上消灭掉。"听了他的话，世界上最智慧的医学家手扶额头，暗想："这家伙失心疯了吧。"今晚，科赫向人类宣布：我实现了巴斯德"疯话"的第一步！"死于炭疽病的动物尸体不论是刚死，还是腐坏，甚至干瘪，即使放上一年，只要带有炭疽杆菌或者炭疽杆菌的圆珠形孢子，便足以传播炭疽病。"最后，他还向已深深叹服的听众说明了如何消除炭疽病："所有患上炭疽病的动物一旦死亡，必须马上销毁，最好直接烧掉，不然深埋地下也可以，地底温度低，炭疽病菌无法变成孢子。"

一夜闻名的科赫听从了可恩和科恩海因的建议，把诊所搬到了繁华的布雷斯劳，结果门可罗雀，即使他的大名已传遍欧洲整个医学界。备受打击的科赫回到沃尔斯坦，1878 年到 1880年，他继续在微生物学上领跑：通过观测，他锁定了一种肉眼看不到的生物，它是造成动物和人类伤口出现致命感染的元凶；他掌握了给各种微生物染色的办法，这样即使体形最微小的家伙也无处遁形；他攒钱买了一台照相机（我真不知他怎么弄到的钱），抵在显微镜上拍摄微生物的照片。

1880 年，科勒的发现终于在欧洲社会掀起声浪，甚至漂洋过海震惊了美国的医生。一时间，所有人都投入了微生物研究的热潮，各种猜想和发现雨后春笋一样冒出来。这里面自然有种种不实的断言，比如有人说，一百种不同微生物的侵袭都会导致肺结核。

愚昧的狂热暗藏危机，也许一个不小心便能摧毁全新且稚嫩的微生物捕猎领域。科赫依然保持着沉静的头脑，寻找只容许一种微生物生长的环境。"我敢肯定，一种病菌对应一类疾病，每一种病对应唯一的一种微生物。"可惜的是，他并没有确凿证据，除非能发明一种简单确凿的方法，不让其他微生物进来，只保留需要的那种微生物。

5

方法迟迟没找到。一天，科赫在实验室桌子上看见了半个煮过的马铃薯，上面居然有各种彩色的斑点——灰的、红的、黄的，还有紫的。"这些点肯定是空气中的细菌组成的，它们颜色各不相同，难道每个斑点里只存在一种微生物吗？"科赫忙不迭地用显微镜依次观察，他猜得没错！

科赫喊来自己的两个助手，庄严地宣告了这个划时代的发现。三个人马上投入实验：将三种微生物混合，放入盛着培养液的烧瓶中，不同种族的家伙们亲亲热热地在一起繁衍，你中有我，我中有你；他们把煮熟的马铃薯切开，将微生物引到光滑的切面上，微生物们却好似认准了自己的那一伙，泾渭分明地繁衍生息。

满怀信心的科赫拜访了鲁道夫·魏尔肖教授——当时在疾病研究方面最负盛名的德国科学家。我插一句，介绍一下魏尔肖，他被誉为"病理学之父"，曾经一锤定音终结了血管凝块的争论，异位、发育不全、褐黄病等医学名词都是他首先提出的。

面对行业权威，科赫面含羞涩，恭恭敬敬地呈上自己的发现："教授，我发现了一种培养方法，可以不让不同微生物混杂在一起。"

"哦？请您赐教，怎么做？据我来看，那根本是不可能的。"

"把它们种在固体食物上就好，我在煮熟的马铃薯的切面上得到了互不干涉的菌群，而且我还找出了改进的版本，把凝胶掺进牛肉汤里，结成固体肉冻……"

魏尔肖不为所动，拿一句冷冷的讥讽打发了科赫。科赫有点失望地离开了，决心把全部精力投入惊妙刺激的微生物捕猎事业。他的目光，瞄准了一个令人闻风丧胆的杀手：在欧洲、在美国，它挥起镰刀，每七个亡灵中，便有一个拜它所赐。它就是——肺结核。

6

科赫追踪的目标是个狡猾的杀手，和它一比，炭疽杆菌都属于显眼的。在微生物中，炭疽杆菌是个大块头，而且得病动物濒死时，体内长满了炭疽杆菌。可是结核菌——假如确有其事的话——从未落入过微生物猎人的罗网。

科赫环顾四周，年迈的法国科学家威尔明算是探路的前辈，还有科恩海因教授——他成功让兔子感染了肺结核：把病人的肺结节切下一点，放入兔子的眼前房，由此科恩海因观察到结节像一座不断扩张的小岛，向外辐射致命的疾病。

科赫认真研究了科恩海因的实验，认为是正确的研究方向，于是循着此思路前进。他的第一份实验材料来自一位孔武有力的大汉。三个礼拜前，他壮得能打死一头牛，不知怎的突然开始咳嗽，胸部痛得要裂开，身体好像被抽走了所有力气。这可怜的家伙住了四天院便一命呜呼了，去世时才三十六岁。尸体布满结节，每个器官上都是灰黄色的、小米粒大小的斑点。

科赫独自一人挑战恶魔。你问我那两个助手去哪儿了？他俩一个正追踪白喉的致病微生物，一个正忙着揪出斑疹伤寒的幕后黑手。科赫准备了两把用火烧过的小刀，把结节碾碎，小心地注射进兔子大大的眼睛里，以及傻乎乎的豚鼠的皮下。他把这些实验动物关在干净的笼子里，悉心照料。

一天，一天，又一天，他支着放大倍数几百倍的显微镜，什么也没看到。"假如真有结核微生物的话，如此下去我也抓不住它们。如果我给它们染上色，调起焦来有的放矢，一切就会容易得多了。"说干就干，他小心翼翼地把病肺染上亮蓝色。杀菌的二氧化汞溶液把他的手浸得发黑起皱——肺结核的传染性很强，必须做好防护工作。终于，他给显微镜调好焦：破碎的肺细胞旁边，躺着小到不可思议的细杆状微生物，它们实在是太微小了，科赫都无法计算它到底有多长，大概，还不到一万五千分之一英寸吧。

"天哪，它们是如此美丽！"科赫喃喃自语，"和直挺挺的炭疽杆菌不一样，它们有弯折和曲线。嘿，那里有一坨，排得整整齐齐，像一包烟。我发现的是结核菌吗？"

这个很好验证，很快，他的豚鼠有气无力地挤在一角，它们光亮平整的皮毛蓬乱了，饱满灵活的身体塌瘪下来，变成皮包骨头。高热霸占了它们的身体，懒怠、沉重，甚至美味的胡萝卜和芬芳的甘草也提不起它们的兴致，然后生命就潦草地结束了。科赫用精心消过毒的刀解剖尸体，显微镜下，它们身体的每一处都可见同样的弯曲小杆，和那位三十六岁的肺病病人一样。"我做到了！六礼拜前，我只放了一小块结节进去，上面顶多有几百个这种微生物，现在变成了几十亿个！它们真凶残啊，从豚鼠的腹股沟一步步侵蚀了整个身体，咬穿了动脉血管，顺着血来到骨头……还有大脑的每一个角落……"

你是否也在为科赫欢呼呢？还是你也从前面的故事中明白，发现一种可疑的微生物只是万里长征的第一步？没错，科赫奔走于柏林的每个医院，祈求得到死于肺结核的病人尸体。他搜集了豚鼠、兔子、狗、猫、鸡、鸽子、小白鼠、灰鼠、田鼠、土拨鼠……日复一日地观察、实验、比较。他每天在显微镜前坐十八个小时，长时间的工作折磨着他的双眼、颈椎。终于，科赫抬起头，对两位助手缓慢地轻声道："只有在患了结核病的人类和动物体内，才找得到这些染成蓝色的微生物。我已经翻查了成百上千个健康的动物和人体，没一个带有这种微生物。"

"也就是说，您已经锁定了结核的致病微生物！"其中一位助手激动地回应。

"如果我是巴斯德那家伙，说不定会胡乱地赞成你。不，现在还不够。我得把这些微生物从垂死的动物体内取出，在牛肉汤冻里培养，保证没有其他微生物同时存在，然后把它们移入健康的动物体内。假如动物们纷纷得了结核，才能这么说。"科赫的脸布满了皱纹，他忽然笑了一下，两个助手为自己的不严谨感到着愧，满怀敬畏地返回了实验桌。

　　科赫制作了十二种不同的培养液，每种都分处三种温度状态：室温、正常人体温以及结核病人高烧温度。他精心找出一块长满了"结核菌"的豚鼠肺，再三确定上面没有任何其他微生物。"结核菌"被分别放进各种培养液里。实验的危险性可想而知，一不小心，科赫自己也会丢了性命。可是冒了生命危险得到的结果令他大失所望。在人和动物体内，"结核菌"的生命力旺盛得像热带雨林的野草，在精心调配的恒温培养液中，它们几乎全部丧失了活力。怎么回事？

　　啊，对了！"我想到原因了，这些菌只有长在活体生物体内，才可能完全具备杀伤力。我得给它们准备一种和活体动物体内尽量相同的培养环境！"

　　于是，科赫发明了著名的"血清冻"：他去屠户手中买回刚杀的健康牛的血，从血块里得到明澈的麦秆色血清；他小心地加热血清以除去碍事的微生物；他在每个细试管里倒入一部分血清，最后加热到正好凝成透明果冻的质地。

　　血清冻做好的当天上午，正好有一只不幸感染肺结核的豚鼠死了。科赫取出灰黄色的结节，用铂丝轻擦在透明血清冻表面，再将盛血清冻的试管放进模拟豚鼠体温的恒温箱里。

　　一天，两天，三天……每天清早，科赫都要拿出试管，瞪大双眼观察。十四天过去了，"看来我又失败了……"

　　再耐心一点，科赫，你知道的，有时候肺结核病要花几个月甚至几年才能把宿主杀死，也许它们在你的培养液里长得慢呢。科赫收回了想把试管砸掉的手，把它放回恒温箱。

第十五天的早上，科赫呆呆地站在箱子前：血清冻柔软的表面上，覆盖着闪闪发亮的小斑点。他的手指控制不住地颤抖，他的灵魂似乎要从肉体逸出，他不知道自己的手为什么在娴熟地操作，似乎由另一个人操控……

显微镜镜头下的东西明明白白地告诉他，那些亮斑正是他在那位三十六岁男子体内第一次看到的微生物，小到极点，弯弯折折，最重要的是，它们是活的。一股暖流霎时传遍他全身，灵魂回归肉体，喜怒哀乐重又变得真实。

接下来是最后、最重要的一环——用他培育出的"肺结核菌"成功感染动物。科赫走出实验室，搜集了豚鼠、兔子、母鸡、老鼠、猴子。"不！不够，我要把自然条件下没有患过肺结核的动物物种也拿来试试！"于是，乌龟、麻雀、青蛙、鳗鱼，甚至一只金鱼也加入了实验。

几个礼拜过去了，金鱼的嘴巴一张一合，在圆肚鱼缸里优哉游哉不亦乐乎；"呱——呱啊——"青蛙漫不经心地扯着嘶哑的嗓子大叫；鳗鱼身姿依旧矫捷轻盈；乌龟偶尔伸出脖子，慢吞吞地打量一下附近，碰上科赫的目光时，它似乎在说："你的结核菌味道真不错，再来点。"

与此同时，豚鼠们拖着沉重的身体，咣当仰面躺倒，呼哧呼哧喘粗气，你争我赶地死去，它们身体里满是结核菌。其实，实验做到这里，不用管乌龟青蛙，理论上科赫已经成功了。可他是一位钻研真理的科学家，而不是急于捕获名利的投机者。他并没有向世界宣布什么。

"无疑，人类是在呼吸过程中感染上的肺结核，灰尘、肺结核病人咳嗽的飞沫是传播媒介。那么健康的动物也会通过这种方式感染吗？实验危险性很高啊。"可是一个好猎手不惧机遇裹挟的危险。科赫造了一个大箱子，把健康的豚鼠、老鼠和兔子放进去。箱子上开了一个口，接入导管的喷嘴；管子另一头连着鼓风机，每天往箱子里吹半个小时含有结核菌的空气，接连持续三天。当然，为了安全起见，箱子放在开阔的花园里，科赫远远地躲在实验室中。

不到十天，三只兔子喘不上气来；二十五天后，箱里的豚鼠再也无法为微生物捕猎作出更多贡献了。

7

1882 年 3 月 24 日，人们在柏林召开了一次生理学会会议。大名鼎鼎的保罗·埃利希在场，鲁道夫·魏尔肖也在场。

一个戴着眼镜、满脸皱纹的小个子男人站起身，他的手指捏皱了薄薄的发言稿，脸几乎贴到纸上。他的话语没有雄辩的气势，他的音调缺乏激昂的热情，但是我们亲爱的科赫告知了与会者一个铿锵有力的事实：全世界的医生现在可以知道肺结核菌的习性了，它们体形最小、杀伤力最强；这种狡猾的微生物藏在哪里，它的优势和劣势是什么，人类应该向何种方向努力，使它们从地球上消失。

寂静。

所有人的眼睛盯着埃利希，他是业内权威，大家等待他开口。

埃利希站起来，戴上帽子，离开会议室。他无话可说。

如果说巴斯德让整个法兰西为之寂静，那么同时代科赫的实验足以撬动地球。科赫挥手拂散世人的尊崇，说："我的发现不是什么了不得的大事。"他费尽心思躲开追随者和热情的学生，珍惜每一点能拿来钻研科学的时间。我翻遍了他的著作，找不到任何骄矜自满的痕迹。他的外表和言行没有一丝演员的气质。

然而，他确实开演了一场激动人心的大戏——微生物猎人与看不见的死亡信使的搏斗，这场大战是如此精彩纷呈。科赫冒着近乎自杀的风险，揪出了躲在恶疾外衣下的大反派——微生物。

1883 年，来自印度的霍乱叩响了欧洲的大门。致命瘟疫在埃及亚历山大港爆发，隔着地中海与其相望的欧洲被吓得不轻。对于那杀人于无形的恶疾，没有任何人了解。这种病，早上刚侵入一个健康人体内，下午他便疼得缩成一团，浑身痉挛，晚上大概率会告别所有痛苦，享受永恒的安息。

法国的巴斯德和德国的科赫展开了一场关于霍乱病因的研究竞赛。事关德法两国的较量和荣誉。双方团队有的去当地考察，剩下的人在闷热的实验室里废寝忘食地思索、研究，死于霍乱的埃及人的尸体在他们身边码成了堆。实验员额头上沁着密密的汗珠，啪嗒，一滴淘气的汗水从鼻尖跳到显微镜镜头上，被一只手匆匆拂去；过了一会儿，那只手把含有微生物的液体注射进猿猴、狗、母鸡、老鼠、猫体内……两队人马正忙得热火朝天，谁知霍乱又莫名其妙地消失了，正如它莫名其妙的爆发。巴斯德和科赫喜忧参半，毕竟他们刚理出个头绪，还没来得及大干一场呢。

事情注定要带上悲剧的色彩。某天清晨，一个慌慌张张的信使跑来告诉科赫："法国调查团的迪利耶医生死了，因为霍乱。"

虽然科赫和巴斯德是宿敌，但科赫与助手马上为法国调查团送去了帮助与安慰。科赫甚至担当了迪利耶的抬棺人，送他魂归故乡。葬礼上科赫敬献花圈，致辞道："花圈很简陋，但它是用月桂编的，呈献于勇士。"

葬礼刚结束，科赫就带着装有霍乱尸体样本的盒子，马不停蹄返回柏林。他用颜料染了色，然后进行观察，发现里面有一种形状像逗号的微生物。科赫向国务大臣打报告："我找到了一种细菌，但无法证实是否为霍乱的源头。请把我送去印度，那里霍乱恣意传播，方便展开研究。"

科赫如愿乘船前往印度加尔各答，晕船折磨得他一塌糊涂。在印度，他解剖了四十具死于霍乱的尸体，没有哪一具尸体里面没发现"逗号"细菌；刚染病病人的大肠里，他也搜寻到了"逗号"细菌。可是在健康的印度人体内，以及所有没患霍乱的动物身上，小到老鼠，大到大象，完全不见"逗号"细菌的踪影。

科赫很快掌握了在牛肉汤冻上单独培育"逗号"细菌的办法，科赫把它"关"在试管中，研究各项习性。原来，它只要经受一点干燥便会很快衰亡。还有，它也许能够以病人穿过的亚麻布衣物为媒介，潜入健康人体内。在贫民窟厕所的臭水沟里，他追踪到了"逗号"细菌。

胜利回国的科赫宣布："霍乱不是天降灾祸，一个健康的人，除非吞下'逗号'细菌，否则不会患上霍乱。这种细菌只能由同类母体产生，其他任何东西都不会变异成它，它也不会变成其他任何东西。而且，它只在人的大肠或者严重脏污的臭水沟里生长繁殖。"

8

德国皇帝授予科赫镶有星星的王冠勋章，他仍旧谦虚："我只是尽力而为，如果说我的成功比大多数人要强一点，那只是因为我徘徊于一个遍地是黄金的领域……没什么值得吹嘘的。"

不知不觉，我们也渐渐走近科赫光辉人生的终点，翻到下一页前，请允许我向科赫脱帽致敬——是他真正证实了微生物是我们最致命的敌人，是他将微生物捕猎领到靠近科学的道路。他是那个蒙昧的英雄时代常常被后人遗忘的船长。

巴斯德
"制服"疯狗

1

巴斯德快六十岁了，他忙着酿酒、制醋、养蚕，虽然他一直坚定高举"微生物导致疾病"的大旗，却一直腾不出时间证明自己的理论，他万万没想到被科赫捷足先登了。巴斯德心中忿忿："微生物是我的领域，是我首先向世人揭示了它们的重要性，远比科赫早二十年。那个时候，他还是个屁都不懂的小孩呢！"

真正了解巴斯德的人知道，除了卓越贡献，他还有不切实际的鲁莽尝试与失败。比如，巴斯德有次发现，一瓶培育炭疽杆菌的煮沸尿液中挤满了一团团不速之客，原来空气中其他微生物也溜进来了。真扫兴！第二天上午，巴斯德又随手查看了一下，结果里面居然一个炭疽杆菌也没有了，它们完全被空气中的微生物消灭了个精光！

巴斯德眼前一亮，大声喊道："如果空气中的无害微生物可以杀死炭疽杆菌，那么在人体体内的微生物也一样！让它们狗咬狗！"他立刻发动助手一起来验证自己的惊人假设：他们给染上炭疽病的豚鼠注入大量无害的微生物，期待它们能在豚鼠体内大杀四方，吞掉炭疽杆菌。实验结果具体怎样，我们不得而知，因为巴斯德不是那种把自己的失败贡献给业界做参考的人。正在这时，一个据说能够治愈炭疽病的疗法大行其道，发明者是法国汝拉山区的一位兽医，名叫卢夫里耶，他成功地把数百头牛从死亡之境拽了回来。当地权威专家说，该疗法应该得到科学界的认可。

2

巴斯德在年轻助手们的陪同下来到汝拉山区，把卢夫里耶的神奇疗法搞清楚了：首先，几个人疯狂地用力搓患上炭疽病的牛的身体，利用摩擦生热把牛皮搓得滚烫；然后他们在牛身上切出一条条又长又深的口子，往伤口处不停地浇热醋泡过的松节油，直到哀鸣的牛除了脸之外全身裹了一英寸厚的油脂。

巴斯德对卢夫里耶说："不是所有得了炭疽病的牛都会死，有的会自行痊愈。让我们做个实验，检验是不是你救活了它们。"巴斯德先给四头健康的牛分别注入足以杀死一头羊的炭疽杆菌。过了一天，针孔附近鼓起了火烧火燎的肿包，四头牛呼吸粗重，显然状况很糟。

巴斯德对卢夫里耶说："医生，你选两头牛，用你的方法治疗，我们把它们称为 A 和 B。剩下的 C 和 D 不做任何干预。"结果，A 和 B 中的一头康复了，一头死了；自生自灭的 C 和 D 中的一头死了，另一头却好了。

看着眼前顽强战胜炭疽病的两头牛，巴斯德陷入沉思："可以试试给它们注射剂量更大的炭疽杆菌。对了，我有一组连犀牛也挺不过一夜的超级炭疽杆菌。"他在每头牛的肩膀上打进五滴绝命毒菌，等待——两头牛全部安然无恙，悠然快活地享受着生命的平静，就连它们身上注射了几百万炭疽杆菌的针口也十分平滑。

没有再进行更多的验证，巴斯德马上给出结论："一头牛只要得了炭疽病能痊愈，那么所有的炭疽杆菌就都奈何不了它了，它免疫了！不过怎么控制炭疽病的发病程度，能够既对生命无碍，又提供足够的免疫力呢？"

此后的 1878 年至 1880 年，巴斯德和助手们摸索、尝试，却始终没有大进展。转机发生在 1880 年，当时巴斯德正在研究一种极其小的鸡瘟微生物。即使架起那个时代倍数最大的显微镜来观察，它们也只不过是一个颤巍巍晃动的小点。发现它的是医生珀隆希托，但第一个将它单独培育出来的是巴斯德。巴斯德的助手鲁和张伯伦花了好几个礼拜，把这个微生物悉心培育了一代又一代。一天，巴斯德对鲁说："培养液中的霍乱微生物应该依然具有活性，你打几滴到鸡身上试试。"

鲁执行了导师的指示，可怜的鸡立马病倒了，提不起精神，失去了平素的活泛劲头。第二天，巴斯德跟自己打赌说，它们肯定已一命呜呼。他打开实验室的门，迎接他的是一幅群鸡游乐图！巴斯德感到奇怪，以往接受注射的鸡无一例外都死了。不过他还没有听懂命运的提醒，就转头把鸡交给了助手们，和家人消暑度假去了。

重新回到实验室的巴斯德吩咐手下："给我送几只健康的鸡过来，没有做过实验的。"

"巴斯德先生，我们没剩几只鸡了。要不把上回您用过但没死的鸡也一起拿来，可以吗？"

巴斯德批评了不上心的手下几句，吩咐没做过实验的鸡和大难不死的鸡都要。按照之前无数次操作的那样，他们给每只鸡都注射了足以致死的鸡霍乱菌。

第二天早上，鲁和张伯伦刚迈进实验室大门，便听见脚下的地下室里传来巴斯德——他总是早来一个小时——闷闷的招呼声："鲁，张伯伦，快下来，快！"

巴斯德在鸡笼前来回踱步，"看！昨天注射病菌的鸡中，之前没得过鸡霍乱的都死了，这很正常。可是你看上个月侥幸活下来的鸡，昨天同样挨了致命一针，居然现在快活得不得了，还在进食！"

鲁和张伯伦面面相觑。

下一秒，他们的耳膜被巴斯德的高喊震得隆隆响："你们还不明白？我找到成功免疫的办法了！微生物一代代培育的时间久了，活力会减弱，即使鸡感染了，也不严重，但痊愈后却可以抵抗致命微生物的攻击！这是我个人最了不起的发现，我发现了疫苗，有了它，疾病不再可怕……我们将拯救无数生命！"

3

巴斯德如今已经五十八岁，早过了鼎盛之岁，在偶然发现拯救鸡霍乱的疫苗后，他挥洒出一生中最为热烈的六年。激烈的论战、柳暗花明的实验、浸透失望的痛苦，一句话，短短几年他倾注了一百个普通人一生能积聚的能量和精力。在明确了鸡霍乱疫苗能够保护鸡不再受同样的霍乱菌侵扰时，他立即猜想："也许这种'驯服'了的霍乱菌也能防护其他疾病！"巴斯德双眼闪闪发亮，他给接种了疫苗的母鸡注射了致死量的炭疽杆菌，结果它们活下来了！

激动的电流酥麻了他的身体，巴斯德赶紧给他的老教授杜马斯写信，暗示自己的鸡霍乱疫苗是绝妙的万能守护神，是所有疾病的天敌。杜马斯极为兴奋，将信发表在科学研究院报告上，这后来也成了巴斯德的污点。据我能查到的资料显示，巴斯德没有声明撤回该言论，尽管他不久便发现自己所述不实。

巴斯德最富有魅力的特质之一便是涅槃重生，从自我错误的灰烬中卓然发出象征胜利的清鸣。1881年，在鲁和张伯伦的协助下，他找到了一种降低恶性炭疽杆菌威力的完美方法，并成功研制出炭疽疫苗。他们巧妙地把炭疽杆菌的毒性削弱到能够杀死豚鼠却不至于伤害兔子性命的程度，又进一步降低到普通老鼠与豚鼠之间，他们得到了两种强弱不同的炭疽杆菌。他们先把弱的注射到羊身上，它们身体有些不适，没多久便痊愈了。他们再给羊注射较强的，确定它们这次也能挺过去之后，巴斯德把足以杀死一头牛的剧毒炭疽杆菌送入羊体内，"咩——咩——"，欢快的叫声宣告了疫苗研发成功。

敌人再次瞄准了巴斯德。一位叫罗斯格罗的兽医设置了一个狡猾的陷阱，意图摧毁巴斯德的发现。在法国慕伦农业学会举办的科学大会上，他公开向巴斯德喊话："我们国家现在一年因为炭疽病损失两千万法郎。如果你的炭疽疫苗确实有效，那么意味着它可以救法国农民于水火，想必你也愿意做公开实验验证你的发明。"

巴斯德一口答应。六十头牛羊送到他面前，他信心十足地说："我当然愿意证明，对实验室十四头羊起作用的疫苗，在六十头牛羊身上也绝对有效！"

4

巴斯德马上召回两位助手。鲁和张伯伦刚踏上去乡间休息的旅程，便收到了一封电报：

速回巴黎准备疫苗抗炭疽公开实验。——巴斯德

两人立即掉头。巴斯德向他们介绍自己的计划："在慕伦农业学会的见证下，普益鲁夫尔农场上，我要给三十头牛羊注射

疫苗，对照组的三十头牛羊则不接种。等确定疫苗产生了效力，再给所有牛羊都注入毒性最强的炭疽杆菌。"

一切准备就绪。巴斯德像一位威风凛凛的斗牛士，走进他的竞技场。场下黑压压挤满了参议员、科学家、兽医、社会名流、数百名农民，以及一大帮蜂拥而来的记者。巴斯德转身，向人群庄严地鞠了一躬。

健壮的牛羊被赶进一块开阔的场地，鲁和张伯伦小心翼翼地拿出玻璃注射器，点燃酒精灯消毒，给三十头牲畜每头打入五滴疫苗——强度介于杀得死老鼠但杀不死豚鼠之间。每头接种的牲畜都打上了耳标。之后，巴斯德发表了长达半小时的激昂演说。

十二天后，演出拉开第二幕。这一针的疫苗强度处在能杀死豚鼠却杀不死兔子之间，打完针的动物们站起身，晃晃身体，耳朵上的标识也跟着轻快地摆动。之后的每一天，巴斯德新招的年轻助手都要来农场，他小心地把体温计塞在每只动物的尾巴下，测量注射过疫苗的三十头牛羊是否发烧。谢天谢地，它们始终健康完好地站着，承受住了杀得死豚鼠、杀不死兔子的炭疽杆菌的攻击。

5

决定胜负的 1881 年 5 月 31 日，六十头牲畜，在众目睽睽之下一起被注射了绝对致死量的强力炭疽杆菌。

6 月 2 日，人群再次围拢，巴斯德等待着命运的裁判。

下午两点，农场。巴斯德及其麾下进入观众的视野。这一次，没有嘘声，没有嘲笑，迎接他们的是震天的欢呼声。接种的羊有二十四头，全部没有发烧的迹象，没人相信两天前它们体内有几百万个致命的细菌大举杀了进来。它们有的淡然啃啮青草，有的抻开蹄子撒欢儿。再看那未受疫苗保护的二十四头羊，可怜，死尸连片，勉强活着的两头连路都走不稳，与千里不留行的无情敌人做最后的搏斗，不祥的黑血从它们的口鼻渗出。

6

路易斯·巴斯德屹立在农场上，这场不朽的戏剧即将传唱世界。

兽医毕奥每次嘲讽巴斯德都冲在最前面，现在他振臂高呼："巴斯德先生，你完美地救下了这些羊，我向你的疫苗表示臣服！没有谁能对如此绝妙的发明说三道四！"

法兰西沸腾了，巴斯德成了祖国最伟大的儿子，他被授予荣誉军团大绶章。世界亟待巴斯德的拯救，繁忙的疫苗生产开始了。在法国各地，甚至匈牙利，不到一年，数十万牲畜拿到了救命的"护身符"。但巴斯德毕竟不是神，做不到万无一失。报忧的信件摆满了他的案头，抱怨、声讨的写信人来自奥布等十余个法国小镇，以及匈牙利的村庄。信中说，打过疫苗的羊依然患上了炭疽病，成群成群地死去！

渐渐地，收信人开始厌憎拆信，他想堵住耳朵，不去听四面八方响起的窃笑。雪上加霜的是，最坏的情况出现了：讨厌的小个子科赫从德国柏林冷冷地甩出一份严密的科学报告，把炭疽疫苗的实效性撕了个粉碎。巴斯德知道，若说科赫是世界上行动第二周密的微生物猎人，没人敢说自己是第一。

路易斯·巴斯德拥有常人所不能及的勇气。对公众，甚至对自己，他都没有改口说自己的疫苗观点是错误的。1882 年，巴斯德前往日内瓦，面对世界各地顶尖的疾病专家，他发表了一场振奋人心的演讲，主题是"如何通过接种，弱化致病微生物毒性，守护被恶性疾病侵袭的生命"。巴斯德保证："基本主旨已经明确，我们不能拒绝预示着巨大希望的未来。"听众席里的罗伯特·科赫盯着巴斯德，金边眼镜后的眼睛闭合又睁开，嘴角微微泛出笑意。看到他的表情，巴斯德如芒在背，索性当众挑战科赫，要展开辩论——科赫做微生物猎人够格，但要比动嘴，巴斯德可不怕他。

"我会用书面的形式寄给巴斯德先生。很快。"科赫轻咳一声坐下。

科赫说到做到。没等巴斯德准备好，他的进攻便打响了。糟糕，这篇半严肃半幽默的回复文章毫不含糊，上来便直接针对巴斯德所谓的炭疽疫苗提出一连串质疑——

巴斯德先生说他的第一剂疫苗杀得死老鼠，却无法取走豚鼠的性命，是吗？科赫医生已经测试过，很可惜，有的连让老鼠死掉也做不到。但为何部分疫苗却杀死了羊？

巴斯德先生坚称他的第二剂疫苗杀得死豚鼠，兔子却能承受，是吗？科赫医生也测试了，其中不少针剂打下去没多久兔子就长眠不起了，有的羊也一针丢了性命。真可怜，巴斯德先生还声称要保护它们呢。

请问巴斯德先生是真的相信他的疫苗是纯炭疽杆菌液，不包含任何不该有的杂质吗？科赫医生仔细研究过，发现那可是一个聚集了各类恶性菌的大杂烩动物园。

最后，巴斯德先生如此狂热，真的是因为追求真理的一腔热血吗？如果是，那么疫苗大规模应用后，为何他只宣扬成功案例，对失败、失误绝口不提？

巴斯德恼羞成怒，也丢出文章反驳："科赫到 1876 年才真正沾上科学的边，那之前的二十年，分离、培育微生物，整个领域全是我一个人的主场。因此，科赫对我的污蔑，说我不知道如何培育单一菌种，纯属无稽之谈！"

好吧，这场论战我们无须再谈，任何有耳朵的人，对孰胜孰负应该毫无异议。

7

最近这段时间，巴斯德又把试管探进狂犬病狗扭曲抽搐、滴着涎水的嘴中。说得容易，实际取样时，巴斯德需要两个仆人帮忙掰开疯狗的牙关，还得眼疾手快。四溅的口水，喷洒出致命的毒液，如果他被那森森的毒牙咬上一口，便意味着耳畔响起死神的足音。为什么要瞄准狂犬病病菌？巴斯德没说。其时，有很多种严重威胁人类的疾病，它们背后的微生物并没有被锁定。它们大肆收割人命，相比之下狂犬病根本不值一提。

我剧透一下，这项研究是他功勋簿上最了不起、最切合事实的。即便如此，他一上来依旧走了弯路。在一个患了狂犬病、垂死的孩子的口水中，他发现了一种静止不动的奇怪菌类，之前没有人详细研究过，巴斯德给它起了个名字，叫"8字形微生物"。他读到学界的几篇论文，猜测这种菌可能是狂犬病的神秘病因。不过，巴斯德很快便证明猜测是错误的，因为在不少健康人的嘴里也能找到"8字形微生物"的身影，而这些人从未靠近过疯狗。

"疯狗罕见，老兽医布雷尔也只能给我送来仅有的几只。患病的人更难找。我们根本无法进行稳定、持续地研究。"他皱起眉头沉思。

他已年过花甲，而且感到疲倦了。

没多久，也就是1882年年末，他遇到了第一条有用的线索。一条拴着链子的疯狗被送到实验室，和其他健康的狗一起被关进笼子。巴斯德没有阻止疯狗的攻击和撕咬。鲁、张伯伦搜集了疯狗的涎水，给兔子和豚鼠注射。奇怪的是，六个礼拜后，笼子里四只被咬的狗中有两只狂躁不堪，发出阵阵恶吼；剩下两只过了几个月也没有丝毫异样。

又不知经历了多少天的研究与苦思，巴斯德对鲁说："狂犬病的致病微生物通过伤口进入人体，作用于大脑和脊髓。狂犬病的所有症状显示，这种我们找不到踪迹的微生物，袭击的是神经系统……给实验动物进行皮下注射后，我们看不到微生物的踪影，直到它们进入大脑，让狗发疯……假如我能够直接观察狗的大脑内部就好了！"

鲁的眼睛亮晶晶的："先生，为什么不干脆把狂犬病微生物放进狗脑呢？我可以给狗做环钻手术，在不给大脑造成伤害的情况下从头上开个小洞，很简单的……"

"什么？穿透颅骨开个洞？它的脑子还能要吗？不得直接瘫痪了？不行，我不允许！"对开颅手术一无所知的巴斯德不由分说地打断了鲁。

忠心耿耿的鲁并没有放弃。几天后，趁巴斯德外出参加会议，鲁捉住一只健康的狗，拿一点氯仿麻醉剂三下五除二提前屏蔽掉它的痛苦；然后给它的头开了个小孔，丝毫没有对大脑造成额外的伤害；再注入一点刚死的狗的脑浆，这样一来，狗脑袋里面"肯定挤满了小到看不见的狂犬病微生物"。

第二天早上，巴斯德才得知鲁先斩后奏："你说什么？那可怜的小生命在哪儿？头上钻个洞，它肯定要死了，动也动不了……"

没等他说完，小狗欢快地扑向巴斯德，钻进长凳下的瓶堆里左嗅嗅右嗅嗅，显然被瓶中充当培养液的肉汤吸引了。又过了不到两个礼拜，承载着巴斯德和鲁希望的小家伙嗬嗬悲号，咯吱吱啃噬着笼子，把狗窝撕了个粉碎。毋庸置疑，他们已然找到了将狂犬病移植到健康动物身上的方式，成功率百分之百。巴斯德对鲁和张伯伦说:"我们找不到微生物,一定是因为它微小到即使倍数最高的显微镜也无法为我们展示。以往靠观察培育瓶的方法行不通了,但我们依然能够让这致命微生物存活下去,只不过要在动物大脑里,除此之外,别无他法。"

事到如今,没什么可说的了。滴落的汗水蜿蜒在无尽的实验之路上,苦行僧一般的生活日复一日。

黯淡的几个月流逝了,三人似乎丝毫看不到降低狂犬病微生物毒性的可能:一百只,哎,整整一百只动物样本接受注射后都死了。鲁和张伯伦无力地指着笼子说:"老师,根本办不到。"

巴斯德眉毛倒竖,花白稀疏的头发仿佛站起来了:"继续实验,勿要沉溺于上一次的失败。你们可能觉得很傻很没有意义,我告诉你们,重要的是绝不放弃!"

老实说,为什么要费劲去降伏狂犬病呢?他难道不担心到头来只是一场空手而归的追逐吗?巴斯德纵观所有狂犬病记载,一旦显出明确症状,一旦恶魔的神秘信使用看不见的方式钻入脊椎和大脑,没有哪个人或动物能逃脱其魔掌。巴斯德他们稳住手中的刀,将毒液吸进离自己嘴唇还不足一英寸的吸液管……

终于,第一缕鼓舞人心的妙音拂过黑暗中摸索者的耳朵——他们在一只狗的大脑里,种下了死于狂犬病的兔子的脑部物质,可怜的狗发病时狂叫不止,筛子似的颤抖,结果竟然奇迹般地痊愈了!它是第一个落入狂犬病泥沼却大难不死的动物。几个礼拜后,它的脑内再次被放入致命病毒。巴斯德焦躁地等待可能出现的症状,不过它们并没有出现。一天挨过一天,好几个月过去,小狗依旧活跃在笼子里,它完全免疫了!

"现在我们知道了,痊愈了的幸运儿便不会再患狂犬病。我们一定要制服狂犬病!"巴斯德的眼中射出灼灼燃烧的火焰。他设计了很多骇人听闻的实验,鲁和张伯伦嘴上抗议——"您的办法理论上完全行不通！"一转身又跳进疯狂且希望渺茫的实验漩涡。

皇天不负有心人，他们总算找到了一种削弱狂犬病微生物毒性的办法：首先确定一只兔子死于狂犬病，然后取出一点它的脊髓，放进一个无菌的瓶内；十四天后，枯萎了的脊髓和上面死去多时的狂犬病微生物被送入狗脑，它们已不再有曾经的致命威力。

巴斯德猜测："病毒应该死了，至少毒性是大大降低了。"透过高低层叠的培育瓶、显微镜、笼子，我似乎看见他焦躁地踏着步子，嘟囔着，烦恼着，在本子上歪歪扭扭地列出了实验的新思路——第一天，狗被种上晾在瓶中十四天的微生物，第二天被种上放了十三天的微生物，就这样，实验对象每天都会接受比前一天毒性稍强些许的狂犬病微生物。直到第十四天，每个实验对象都被投放了刚刚脱离死兔尸体一天的微生物。

第十四针打完，他不得不留出时间耐心观察。数个礼拜的等待催白了巴斯德的头发，幸而实验对象无一出现狂犬病的症状。死亡斗士们自然无比高兴。可是，狗真的免疫了吗？巴斯德内心笼罩着深深的恐惧。若这次依然失败，多年的努力付诸东流不说，自己也没有从头再来的机会了。"我已经老了……"他轻声道。但箭在弦上，一切由不得他。

两只接种了十四天疫苗的狗的颅骨被鲁打开一个小洞，当然还有两只未接种过的做对照，它们大脑里都被放入了大剂量的强力恶性狂犬病微生物。一个月后，巴斯德和助手们终于能够说，三年的艰辛没有白费，胜利的果实已攥在手中——两只打过疫苗的狗每日玩耍嬉戏，湿哒哒的小鼻尖一耸一耸，活力满满；另外两个倒霉鬼恶吠不止，倒在狂犬病的魔爪下。

疫苗找到了，真正实施起来却是天方夜谭。著名兽医诺卡德听了巴斯德的全体接种的设想，放声大笑，连连摇头："别的不说，只巴黎一处就至少有十万只各种不同种类的狗，如果每只都要在连续十四天里每天接种一种不同的疫苗，你知道是多大的工作量吗？"

巴斯德沉默不语，一道亮光猛地划破黑暗的迷雾："需要注射疫苗的不是狗啊，人接种便足够了！对对对，妙啊！被疯狗咬了的人，总得过几个礼拜症状才会出现，病毒需要从伤口一步步蔓延扩散到大脑，在那之前，足够有十四天保他的性命！"他们把疯狗和健康的狗关在一起，自然，疯狗咬伤了几只好狗。之后的十四天，每只被咬伤的狗都会接受比前一天毒性更强一些的毒液。奇迹诞生了！它们全部完美地、奇迹般地躲开了隐形杀手的致命袭击。

炭疽疫苗的惨痛教训让巴斯德学会了谨慎，他请求法国最好的医学专家组成调查团，审查自己实验的每一步是否有误。最终，审查团认同了巴斯德的结论！

世界各地飞来急切哀求的信件，父母们恳请巴斯德赐予疫苗，拯救自己被恶犬威胁了性命的孩子。不过，你也许能想到巴斯德内心火烧的踌躇。这和炭疽病那档子事不一样，一个把握不好，死的不是几只羊，而是活生生的人。对实验的信任与午夜的噩梦展开了拉锯战。

在微生物狩猎的舞台上，聚光灯直射巴斯德，他猛然摆出英勇的姿态，朗声宣布："我愿意身先士卒，接种狂犬病病毒，我对自己的研究信心十足。"

万幸，梅斯特夫人从阿尔萨斯风尘仆仆地赶来，带着自己九岁的儿子约瑟夫，哭求巴斯德救孩子一命。可怜的约瑟夫，两天前被一条疯狗咬伤了十四处。他惊惶万分，病情迅速恶化，他马上就连路都走不了了。

"救救我的孩子吧，巴斯德先生——"这位母亲哀求。好吧，巴斯德不用拿自己的性命做赌注了。

1885年7月6日，夜，人类第一次接种狂犬病疫苗。一天、两天、三天、四天，梅斯特家的孩子顺利接受了十四次针剂。他与母亲回到阿尔萨斯，恢复了健康。

备受折磨的人从世界各地涌来，巴斯德、鲁、张伯伦忙着把皮肤流脓溃烂的人群安顿好。好多种语言喃喃地说着同一句话："巴斯德，救救我们！"巴斯德不是医生，相反，他一生都在和医生激烈地争吵，他嘴边常挂着一句满含骄傲的嘲讽："我只是一名化学家。"可他欣然回应了这些呼救，像一名医生那样，拯救病痛者的生命，目送他们回到原本的生活。

一天，十九个农民敲开了巴斯德的大门，他们十九天前被一头癫狂的狼袭击，一路从俄国斯摩棱斯克匆匆赶来求助，其中有五个人已经完全站不住了。依照那个时代的数据和经验，他们感染狂犬病的概率是百分之八十，而那五个人，百分之百会死。

巴黎沸腾了，人人都在议论："说不定他们会死呢，被咬已经两个多礼拜了，可怜，太晚了，没机会了……"巴斯德吃不下睡不着，情况危急，他把十四支针剂压缩到七天打完，早晚各一次。最终，巴斯德奇迹般地救活了其中的十六人。

最终，整个巴黎起立欢呼，声音满溢骄傲，久久回荡在空中。世界为巴斯德唱起感恩的颂歌。沙皇送来圣安妮十字勋章，并捐赠了十万法郎，在巴黎都托街建造微生物猎人的实验室——现在名为巴斯德研究所。

实验室拔地而起，巴斯德本人的微生物捕猎事业进入尾声。1895年，他于巴黎的郊外与世长辞。弥留时刻，这位年迈的微生物猎人发表了人生最后一次演讲。他过去雄辩激昂的声音已然不再，只能虚弱地耳语，再由他儿子向守在床边的众人转述。巴斯德的遗言是一首饱含希望的圣歌，主旨与其说是祈祷挽救生命，不如说是畅想人类的崭新未来。这首歌呼唤着孜孜不倦的下一代探索者。

不要弄脏自己的纯粹——
被他人的否定和空洞的怀疑，
不要熄灭进取的火焰——
被肆虐家国故土的至暗时刻，
活在实验室与图书馆的静谧之中，
叩问内心：
我为学业所作几何？
我为祖国所作几何？
直至喜悦终于涤荡你的心神
昂首喊出——我为人类福祉奋斗终生！
……

鲁和贝林
豚鼠大屠杀

1

他们是刽子手，手上沾着豚鼠的斑斑血迹；他们是救世主，从死神镰刀下抢夺婴孩的生命！

埃米尔·鲁是巴斯德的助手和学生，1888年，他接过导师巴斯德递来的实验器具，开始了独立研究。没多久，他发现白喉杆菌中会渗透出一种奇怪的毒素，一盎司足以杀死七万五千只狗。又是几年匆匆流逝，正当罗伯特·科赫因为治疗肺结核的"良药"被指责、谩骂得抬不起头来时，他的学生埃米尔·贝林，在豚鼠的血液中侦查到一种未知又奇特的物质。因为科赫惨不忍睹的失败，不少世人再度把微生物的定位从杀手变回无害的小"宠物"。这两位埃米尔发现了白喉抗毒素，避免人类再次误入歧途。

不过，若是没有弗雷德里克·勒夫勒的前期发现，他们都不可能完成突破。勒夫勒也是科赫的助手。每过几十年，白喉都要死灰复燃，肆意大闹几场，1880年代初的那次尤为严重。医院病房里，生病的孩子们哀哀哭号，愁云惨淡；"咳咳咳咳咳"，仿佛预示着喉咙的主人不久后的窒息；一排排狭窄的病房上，一张张青紫扭曲的小脸陷在枕头中，让人不禁怀疑有一只无形的手紧紧扼住了他们细弱的脖颈。走来走去的医生们试图用硬挤出来的欢欣笑容掩盖浑身的绝望，忙碌着把管子插进被白喉病膜堵住的气管里，让快要窒息的孩子能短暂喘口气。

病床上的孩子，有一半进了停尸房。

停尸房里，费雷德里克·勒夫勒埋头苦干，手术刀被沸煮消毒，铂金丝烧得红通通的，一端探进医生们拯救失败的喉咙里，挑出浅灰色的物质，放入细试管。勒夫勒用颜料染色微生物，在显微镜下，怪模样的细菌形状像体操棒，带有蓝色的漂亮斑点和条纹。他在每个咽喉中都发现了这些奇怪的杆菌。他赶忙把自己的发现报告了导师科赫。

我们几乎可以想到严谨的科赫会怎样回答："证据不足，直接跳到结论纯粹是妄言。你必须在纯净的环境里单独培育这些微生物，然后把它们注射到动物体内……如果那些动物也病倒了且症状与白喉相同，再……"勒夫勒自然言听计从。他尝试单独培育那种奇怪的杆菌，并很快获得了成功。他又解剖了一个死于白喉的尸体，每个器官都取了切片，足有上百片。他把尸体从头到脚从里到外仔细翻了好几遍，除了被病膜封住的喉咙处，哪儿也找不到那种怪菌的影子。而且在几乎每个孩子的喉咙，他都能碰见这种"体操棒"。不能妄断，"必须要遵照科赫先生的指示！"他将自己在纯净环境中培育的"体操棒"菌注入兔子气管，以及豚鼠皮下。过了两三天，兔子和豚鼠一命呜呼。不过解剖后，勒夫勒仅在注射的针眼附近发现了"体操棒"。太奇怪了，要知道，每支针剂里原本有几百万个呢。更令人费解的是，其中几具尸体的喉咙中没看到"体操棒"，或者仅有寥寥几个有气无力的，估计连个跳蚤都伤害不了。

勒夫勒百思不得其解，他沉下心，写了一篇详尽诚实的科学论文。可是在结尾，他还是没做到导师要求的绝对客观谨慎："此类微生物（'体操棒'）也许是白喉的始作俑者，可是在几个死于白喉的孩子体内我没能找到这些细菌……注射过该微生物的动物没有一个像人类孩童那样出现瘫痪……与我的猜测最相悖的，是在一个完全没有白喉病症的儿童喉咙里也找到了同样的杆菌。"

勒夫勒自认无法再进一步，他预言未来肯定有人能发现"这种杆菌会渗出一种毒素，偷偷运到宿主体内某些关键部位。毒素肯定会在孩子尸体的气管、豚鼠的尸体，以及培育该菌的液体中被发现"。

2

勒夫勒的预言四年之后变为现实。当时，巴斯德终于攻下了狂犬病疫苗，正处于长久辛劳后的疲惫当中。走投无路的母亲们给他发来一堆小山似的信件，请求他解决五花八门的孩童病症，其中有几封便是有关白喉的。巴斯德没有心力了，但他的助手鲁，在后来巧妙发现黑死病病菌的耶尔森的帮助下，开启了将白喉从地球上消灭的征程。

鲁和耶尔森来到医院，沿着勒夫勒的发现之路重走了一遍。此行虽基本没有新的收获，可他俩幸运地得到了勒夫勒未曾发现的一项证据——"体操棒"菌的培养液导致兔子瘫痪了！液体进入血管几天后，兔子的两条后腿使不上力，只能耷拉在地上，麻痹一步步蔓延至前腿、肩膀，阴冷恐怖的全身瘫痪，是它们最终的死状。

鲁信心大涨："兔子的症状和孩子们一样，这种杆菌肯定是白喉真正的罪魁祸首。我应该能从兔子的尸体里找到它们！"结果，心、脾、其他器官……统统没有他以为的"白喉杆菌"的影子！到底是什么杀死了兔子？勒夫勒的猜测在鲁的记忆中闪过，他喃喃道："一定是培养液里的病菌产生了毒素，导致了动物的瘫痪与死亡……"

和耶尔森一起，鲁开始了一场豚鼠"屠杀"，一段"不科学"的实验摸索。置身黑夜，两人踽踽独行，没有实验先例，没有前人遗留的知识。"嚓！"他们划亮了一根火柴，微弱的光亮迷迷糊糊照着脚下。"病菌绝对释放出了大量的毒素，它们进入了培养液。在孩子喉咙口的病膜里，情况也是如此！"他们用尽浑身解数，但实验均以失败收尾。

　　鲁只好换一种研究方式。他往大号玻璃瓶里倒进不含任何微生物的培养液，再放入白喉杆菌，把瓶子收进恒温箱中。四天后，鲁说："现在，我们尝试将白喉杆菌从培养液里分离出来。"两人拿出一个形状像蜡烛的中空过滤器，过滤器是上好的瓷器做的，滤口极细，可以容许液体流下，却能拦住体形最小的细菌。经过一番手忙脚乱的操作，甚至用上了气压原理，他最后终于长舒一口气，得到了过滤后的干净的琥珀色液体。"液体中应该含有致命毒素。"

　　兔子和豚鼠被掀开肚皮，它们接受了鲁动作娴熟的注射。

　　埃米尔·鲁此时的内心和杀人狂如出一辙，他迫切期待着看到死亡。他的愿望落空了，杂乱的皮毛、瘫痪的后腿、迎拜死神的寒战，无一出现。真是岂有此理！他们忙活了这么久验证毒素，可兔子一个个健康快活得不得了！鲁于是进行了一次又一次的实验，剂量越来越大，实验动物越来越多。徒劳，毒素根本没有出现。任何一个有理智的人可能都已经放弃了。难道这么多安好的动物还不够证明你是错的吗？但是鲁也染上了导师巴斯德的偏执："培养液中绝对含有毒素，不然为什么最开始实验的那些兔子死了呢？"

　　其实，我也曾和一些科研工作者讨论过鲁的实验，他们撇撇嘴巴，大多不赞同。几个礼拜内，注射的过滤液体剂量一路飙升，已经达到了初始的三十倍！巴斯德也不会如此疯狂，整整三十五毫升的液体打进一只豚鼠的肚子，或一只兔子的耳下，打个比方，就像把一大桶水灌进一个中等个头的人体内。这么说吧，它们即使死了，也不一定是因为中毒。

然而，靠着固执与坚持，鲁抓住了真理，把自己的大名刻在了人类科学史的丰碑上。接受注射的兔子和豚鼠一开始没有异样，第一天很快活，四十八小时后，毛发倒竖，呼吸明显急促，不出五天便死了，症状和之前被注射活体白喉杆菌的兔子一样。如此，埃米尔·鲁发现了白喉毒素。可是细细一想，他的实验只能博取真正的微生物猎人轻蔑一笑："什么？如果毒素产生得这样少，要一大瓶才能慢慢杀死一只小豚鼠，那么嗓子眼里那么一小块是如何杀死一个孩子的呢？荒谬！"

不过，鲁已经走上了正轨。没过两个月，他一下子豁然开朗：培育瓶在恒温箱里存放的时间不够！他干脆给了细菌四十二天的时间。快看哪！少量的滤液轻松解决了兔子，屠杀了羊，放倒了狗。

好的，鲁实现了勒夫勒的预言。可惜鲁也止步在解释白喉杆菌如何杀死孩童的程度，至于怎么阻止它对生命的劫掠，他也无能为力。草草建议孩子们多漱口后，他的身影在白喉歼灭战中消失了……

3

另一位远在柏林的埃米尔加入了战斗，不过和埃米尔·鲁（Emile Roux）稍有不同，埃米尔·贝林（Emil Behring）的名字拼写少一个"e"。科赫的"三角实验室"会聚了不少颇有才华的年轻人，他们分别研究不同的领域，有的被时间湮没，有的名载史册，他们都秉持着一个共同的念头——以拯救人类为宗旨。埃米尔·贝林便是其中一员。

贝林刚刚三十，是一名军医，他留的胡子比科赫乱糟糟的一蓬要整齐一些，但不如科赫的有标志性。贝林的特点是同时拥有诗人的浪漫文采与科学的严谨耐心。他出口成章，把导师科赫的细菌发现比喻为瑞士雪山上那引人流连的玫瑰色山尖，同时他也可以岿然埋首于一丝不苟的微生物免疫实验；他能用"山洪骤雨"形容肺炎发病的情势，也能精准锁定老鼠血液中杀死炭疽病菌的物质。他大声宣布："我会找到治愈白喉的化学物质！"然后，他给一群群豚鼠注射白喉杆菌，豚鼠听话地得了病。等病情加重，贝林又往它们体内打进各种不同的化合物，种类不一而足，包括贵重的金盐、萘胺，以及其他三十多种或奇特或常见的物质。至于选择化学物质的原因么，贝林居然天真地认为，既然化学物质可以杀死玻璃管中的微生物而对管子本身毫无损害，那么对豚鼠和人类应该也是如此。从贝林屠宰场似的实验室，想必你也能够明白，他的化学"药品"与致命的病菌没什么区别。

"屠杀"的尸堆越垒越高，可贝林的信念却从未动摇：在无尽的化学物质名单中，一定隐藏着白喉的克星。这一天，他照常给几只豚鼠打了足以致命剂量的白喉杆菌，没过几个小时，注射口附近的皮肤肿了起来，小小的豚鼠瘫倒在地，触手是不祥的滚烫；注射满六个小时后，贝林随机选择了三氯化碘，将它送入豚鼠的身体。他戳了戳豚鼠的背，想看看它们是否能再站起来，"肯定还是没戏……"已经习惯失败的贝林并没有预感到幸运女神的垂青……

几天又过去，贝林推开实验室的门，迎面看到本应和死神见面的豚鼠竟然重新站了起来！只不过仍然脚下踉跄，瘦骨嶙峋，而未被注射三氯化碘的那群豚鼠，没有改变被白喉杆菌安排好的残酷命运。

"我把白喉治好了！"贝林激动地低语，一股热流在全身涌动。

贝林继续深入研究这种碘对白喉豚鼠的作用，有时白喉杆菌获胜，有时甚至是三氯化碘的毒性把豚鼠们交给了死神，只有很偶尔的一两次，可怜的豚鼠侥幸活下来，它们痛苦地用脚撑起身体。我猜它们很可能宁愿去死，因为皮肤被三氯化物烧出一连串可怖的洞，轻轻一碰它们便发出刺耳的尖叫。一番思索后，他向自己提出一个疑问："痊愈了的动物会对白喉免疫吗？"他又拿起幸存的几只豚鼠，给它们注射了大量的白喉杆菌，它们毫无反应！它们获得了免疫！

看着垒成一座小山的豚鼠尸体，贝林不再那么笃信化学物质了。不过他一直坚定地认为血液是最奇妙的，他崇拜血液，用诗人的想象赋予它闻所未闻的绝妙优点。他拿针管从痊愈的豚鼠颈动脉里抽出一点血，放入试管静置，直到透明的麦秆色血清从红色的部分析出。他小心翼翼地抽出血清，与大量恶性白喉杆菌混合。他满以为病菌会变得衰弱不堪，一步步走向灭亡，然而从显微镜里，他只看到一丛丛一片片欢快起舞的小家伙。"它们大规模地繁殖。"贝林悲愤地在笔记中写道。

他念念有词："至少法国人鲁证明了不是白喉杆菌而是它们释放的病毒杀死了动物和孩子们……也许这些被碘治好的豚鼠同样对毒素免疫！"实践是检验理论的唯一方法。贝林一边嘟嘟囔囔，一边制好了筛掉白喉杆菌的毒液。大量的液体被他打进豚鼠体内。它们依然具有完美的免疫力！甚至原本的灼伤基本痊愈了，它们还稍微长了点膘。

"我一定要在它们的血里找到救命的解毒剂！"贝林嚷道。

想要做实验，血必不可少，可是活下来的豚鼠寥寥无几，个个都皮包骨头，哪够贝林用的呢？他将好不容易提取的几滴血清放在玻璃管中，混入大量只含毒素的滤液。他把混合后的液体注射给对白喉不免疫的豚鼠——它们居然没有死！

导师科赫与实验室里的同事围拢过来，注视着贝林进行实验至关重要的最后一部分：

准备两组既没有得过白喉病当然也没接受过碘治疗的健康豚鼠，从一组身上抽取血清，与白喉毒素混合，然后打入另一组豚鼠体内。三天后，接受注射的豚鼠们打起冷战，又过了几个小时，它们咳出最后一口气，离开了这个世界。贝林高声宣布："只有获得免疫的动物——也就是得了白喉又痊愈——的血清，才能杀死白喉毒素！"

他又进一步设想："也许我可以让体形更大的动物获得免疫，一步一步，最后在患白喉的孩子身上进行血清实验！"此时，没有什么能阻挡贝林的脚步，兔子、羊、狗，他尝试将它们鲜活的身体变成生产治疗白喉的血清工厂，他把这种血清称作"解毒剂"。从一批批残疾、死去的动物身上，从数不尽的碰壁失败中，他终于成功得到拥有强效免疫力的羊，以及大量的血清。

羊血清成功保卫了豚鼠。贝林的观点已经没有什么可质疑的了。不过有一个美中不足："解毒剂"的防护作用持续时间不长。开始几天，注射血清的豚鼠可以抵御大剂量的白喉毒素，可没过一两个礼拜，能杀死它们的毒素剂量便越来越少。"这没有可行性啊，难道要让整个德国所有的孩子每隔几个礼拜就打一针？"贝林急躁了。诶，换一种思路呢？他突然跳起来，给很多豚鼠打入足以致死剂量的白喉杆菌：第二天，可怜的小家伙们被疾厄缠上；第三天，它们呼吸急促不堪，仰面倒地，显出一种行将就木的懒怠。贝林将其中一半豚鼠分出来，给每只扎了一针，针管里是大剂量的"解毒剂"羊血清。奇迹诞生了！仅仅过了一小会儿，绝大部分豚鼠呼吸和缓了不少。第二天，贝林把它们四脚朝天放到地上，"欻"，小家伙们一跃站好。第四天，它们健康得好像从未得过病。而剩下的另一半，已然冰冷地死去。

血清可以治好白喉！"三角实验室"被狂欢掀翻了顶，大家祝贺贝林经过波折不断的长途"跋涉"，终于看到了曙光。1891年年底，在柏林布里克街的伯格曼诊所病床上，躺着数个因为白喉奄奄一息的孩子。圣诞节当晚，一个病入膏肓的孩子号啕大哭，踢掉了扎在自己娇嫩皮肤上的针头——他是第一个接受白喉解毒剂注射的人类……实验并不完美，几个孩子死了，柏林一位著名医生的小儿子甚至在接受血清几分钟后，便痛苦地挥别了这个世界。外界一片哗然。

不过解毒剂到底还是利大于弊，德国的化工厂开始大批量地从羊身上制造出解毒剂。此后不到三年，两万个孩子接受了针剂注射。关于此，我不想过多讲述，请允许我转述美国卫生部官员比格斯给在纽约的帕克医生发去的电报：

白喉解毒剂大获成功；尽快大量投产。

4

解毒剂得到的并非全是鲜花与赞誉，这也很正常——血清不是药到病除、百试百灵的仙丹。成千上万的孩子们中，总还是有一些在父母的哭声里永远闭上了眼睛。正在此时，埃米尔·鲁杀回了战场。他用一种巧妙的方法，让马对毒素免疫，得到了大量效力很强的解毒剂，只要一点点，便能消解足以收割数条狗的性命的毒液。

振奋的鲁笃信血清解毒剂，也许其信心比贝林尤坚。漱口水早已被他抛诸脑后。他忙碌的身影流连于马厩、烧瓶、扎着针管的马脖颈中间。在当时，一种特殊的白喉恶性变种菌（此为鲁的观点）风一样传遍了巴黎的千家万户。医院里孩子的死亡率高达百分之五十（只是保守数据）。1894年2月1日，戴着黑色无边帽的鲁带着他的秸秆色的奇效液体，走进了医院的儿童白喉病病房。

他准备好注射器和瓶子，冷静、沉着，状态与很久之前测试炭疽疫苗的那段黄金岁月时一模一样。他的两个助手马丁和沙龙点亮了小小的酒精灯，不待他吩咐便手脚麻利地忙碌起来。鲁看看灰心的医生们，隔空回望都托研究所里导师巴斯德的灼灼目光，耳边似乎听到无数被击垮的父母心碎的恸哭。他低下头，病床上一张张铅灰色的小脸，小手紧握，抓皱了床单的边缘，他们的身体痛苦地扭曲着，只为能吸到一小口空气……

鲁的视线再次落回注射器上——这种血清真的能救下孩子们的命吗？

"是的！"代表人类的埃米尔·鲁大喊一声。

"我也不确定，还是先做个实验吧。"唯信科学的埃米尔·鲁低语。

"可是要做实验的话，一半孩子作为对照组不能注射血清。你难道要剥夺他们活命的希望吗？"怀着仁慈之心的埃米尔·鲁说。所有走投无路的父母的心声汇合到一起，附和着仁慈的埃米尔·鲁。

是追求真理，还是保护数百名儿童生存下去的可能？我们可以想象鲁的两难。最终，仁慈之心胜出，接下来的五个月，被送进这所医院的三百多个患上白喉的孩子，每一位都接受了足量的解毒剂。谢天谢地，结果没有辜负仁慈的鲁。夏天来了，实验也完成了，在布达佩斯召开的世界医学专家大会上，他郑重宣布："总体来讲，接受血清注射的儿童在短时间内情况会得到改善……病房中几乎不再见到灰白的脸颊；相反，他们重新开心活跃了起来。"

全体起立，掌声雷动……

然而，鲁治疗的孩子依然有百分之二十六的死亡率。但是人们似乎更容易感情用事，忽略数字投射出的理性。与会专家也是如此，与一百个注射血清的患上白喉的孩子中仍然有二十六个撒手人寰的事实相比，他们更加倾向于血清成功将高热额头降温的汇报。一千位专家没有一人质疑解毒剂的"完美"功效。总之，据我了解，按当时的情形，若一名医生拒绝为被白喉迫害的孩子注射血清，简直与犯罪无异。

回看鲁的发现，我虽然相信解毒剂的效用，却也不得不提醒读者们，白喉的毒性常有强弱变化。有的时候，它连续几十年大杀四方，每十个染病的孩子中就有六个命丧其手；过了一段时间，病毒不知怎么的似乎变弱了，死亡比例降为十分之一。正在鲁和贝林声名远播的同时，英国一家医院的白喉死亡率从百分之四十变成了百分之二十九，但他们并没有采用血清治疗。

不管怎么说，鲁和贝林的实验自有其价值。二十年后的今天，在全美以及德国，有数十万的婴儿和孩童彻底摆脱了白喉的阴影。人类应该感谢勒夫勒、鲁和贝林最初的探索。

梅契尼科夫
妙不可言的吞噬细胞

1

埃利·梅契尼科夫是一名犹太人，1845年出生于俄国南部，不满二十岁的时候，他发下豪言壮志："我有激情，我有能力，我天赋异禀，我立志成为一名傲然于群雄的科学研究者！"

翻看梅契尼科夫的前半部分人生，我有些不知说什么好。简单列几个事件吧。他进入哈尔科夫大学读书，常常缺课几个月，他不是跑出去玩，而是在图书馆里如饥似渴地吞下有关"蛋白质结晶"的艰涩著作。临到学期最后几天，他匆匆过一遍几个月没沾手的专业课知识，凭借超凡脱俗的记忆力在考试中拿到第一名的金质奖章。

十几岁的时候，他用显微镜观察了几个小时虫子，接着大笔一挥，写下论文寄给科学杂志。信件发出的第二天，他重新看了一遍自己的文章，发现原本信誓旦旦的内容并不是那么回事，于是他又赶紧写信给杂志社的编辑："请勿刊登我昨日寄送的手稿，我找到了一处错漏。"

他屡次碰壁，常常大喊："这个世界根本不赏识我！"他凄凄楚楚地吹起口哨："我要做一只蜗牛，藏在自己的壳里。"

他总是和老师们吵架、闹掰，一次次错失了稳定钻研固定课题的机会。最后，他对始终宠爱着、信任着他的母亲说："我对原生质特别感兴趣，但俄国是科学的荒漠！"很快，他如愿转到德国的维尔茨堡大学，结果发现自己比报到时间早来了一个半月。他好不容易碰到几个当地的俄国留学生，却发现人家根本不接纳自己。梅契尼科夫心灰意冷，踏上回国的路，背包里装了几本书，其中一本是刚出版的还热乎着的达尔文的《物种起源》。

他迅速成为有机进化的忠实拥趸，不管白天还是黑夜，他一直尝试着种种奇特的进化研究。梅契尼科夫真正的人生启航了，他从一个实验室辗转另一个实验室，俄国、德国、意大利，甚至黑尔戈兰岛。他用大量粗浅的实验，使劲把自己的进化信仰强塞给大自然。奇怪的是，他的"研究"有时居然是对的，甚至具有重大意义，其中就包括关于人类是如何抵抗细菌袭扰的理论。

2

1883 年，巴斯德与科赫风头无两，梅契尼科夫的直觉告诉自己，微生物领域现在是科学的突破重点。他与自己任教的敖德萨大学吵翻了，带着妻子等一大家人跑到蔚蓝的西西里岛定居。他终日谈论微生物研究的广阔前景，但他还没摸到入手的门道。

机会很快朝他招手。一天，梅契尼科夫正在研究海绵和海星消化食物的方式。他早就探察出此类生物体内有一种奇异的细胞，它们既是与母体紧密连接的一部分，又可以自由地在母体内移动，它们便是游走细胞，漂漂荡荡，好像变形虫一样。

梅契尼科夫把一些深红色粒子放入海星幼虫体内，这个方法很妙，因为海星幼虫是透明的，像一扇清亮的玻璃窗，他可以清楚地看到海星身体内部的变化：那些自由漂荡的细胞慢慢靠近深红粒子，接着把它们统统吃掉了！

梅契尼科夫一开始认为这是海星在消化食物。第二天，家里其他人都去看马戏团表演了，他独自坐在阳台上，失神地将着盖住了大半张脸的胡子。突然，电光石火之间，一股灵感将他的整个科研生涯彻底改变——

"海星幼虫体内的游走细胞不仅吃食物，肯定也吃掉了微生物！我们人类的游走细胞，是血液中的白细胞，保护我们不受入侵细菌的伤害……它们使人体对疾病免疫，我们人类没被凶狠的杆菌灭绝多亏了它们！"换作另一个人，很可能因为自己对微生物缺乏了解而踟蹰不前。但是我们这位一往无前的勇士毫不胆怯，他在房间里激动地走来走去，又跑到海边漫步。他整理了一下思绪："如果我的理论没错，那么把一片小木屑放到海星体内，应该很快会被游走细胞吞噬。"他联想到人手指扎了木刺又没挑出来，不多久木刺会被脓液包围，脓便是血液里游走的白细胞！他拔腿狂奔回家，从花园的灌木玫瑰上拔下一些小木刺，小心地把它们放进透明的海星幼虫体内。

第二天天刚蒙蒙亮，满怀信心的梅契尼科夫起床一看，哈，成了！玫瑰刺周围，聚集了大量慢吞吞蠕动的游走细胞！梅契尼科夫冲出门，墨西拿最近正好来了一群知名的欧洲教授……最终，连地位尊崇的魏尔肖教授——他曾对科赫不屑一顾——也接受了梅契尼科夫的理论。

梅契尼科夫真的成了微生物猎人。

3

梅契尼科夫又马上动身去维也纳宣讲他的理论，他大步跨进朋友克劳斯教授的实验室——克劳斯是一位动物学家，对微生物一无所知。面对梅契尼科夫要给这些细胞起个希腊名字的要求，克劳斯和同事们搔搔头皮，然后钻进各种字典一通找，最后说："Phagocytes！①希腊语中 phagocyte 是吞噬细胞的意

---

① 中文意译为"吞噬细胞"。——译者注

思。你一定得这么叫它！"

梅契尼科夫离开维也纳前往敖德萨,以"生命体的自愈力量"为题,做了一场相当成功的科学演讲,震撼了与会的医生。不过我没有找到任何有关记录,证明他曾目睹吞噬细胞吞噬过恶性微生物。但他心里清楚,那是必不可少的真正的证据。他俯身观察生活在池塘和水族馆里的水蚤。它们也和海星幼虫一样是透明的,透过层层镜片和水蚤薄薄的身体,那幼小生命的一举一动一览无余。幸运女神再次向他递出指尖,他真是个幸运得让人嫉妒的家伙!梅契尼科夫看见一只水蚤吞下了数颗芽尖锋利的危险酵母菌。芽孢们顺着细窄的水蚤食道滑入,把胃壁扎出一个个尖尖的凸起,它们在水蚤体内不停地游动。随后,梅契尼科夫的瞳孔映入了这样一幕:它们水蚤内部的游走细胞,或者说吞噬细胞,游向了危险的"针尖",一个一个吞下它们,消化它们,消灭它们……

4

梅契尼科夫打算看看青蛙和兔子体内是否也会发生此类的自卫战。当时是 1886 年,整个俄国为巴斯德倾倒——他救活了十六名被疯狼咬伤的俄国农民。狂犬病疫苗是欧洲各国趋之若鹜的狂热目标,敖德萨的居民也纷纷要求实现疫苗普及。不过当地缺少了解微生物的专家。有人突然想到,之前不是有个梅契尼科夫大讲特讲了一番吞噬细胞吗?就把他聘请过来吧。

梅契尼科夫接受了聘任,不过他狡猾地推脱了一把:"我是个理论家,需要沉浸在大量的研究中。建议让别人前去接受疫苗相关培训,做实际工作。"于是,加马列亚博士被派往巴黎的巴斯德研究所。加马列亚在鲁和巴斯德身边学习了很短一段时间,只掌握了皮毛。他回到敖德萨展开疫苗工作,问题自然接踵而至,连带民众对梅契尼科夫的非议甚嚣尘上。梅契尼科夫受不了了："我需要沉浸在自己的研究里，我的研究需要一个平和的环境保护它顺利发展。"放假申请一获批准，他立即收拾行李前往维也纳宣讲自己的吞噬细胞，以便得到资金支持与安稳的研究环境。离开维也纳，他又前往巴黎拜访了巴斯德。

微生物猎人的老猎长巴斯德透过一双疲倦的灰色眼睛看着梅契尼科夫，眸子里时而闪烁出一线亮光："不必再说，我站在梅契尼科夫教授你这边。我也曾因偶尔观察到微生物间类似的斗争而惊诧不已。我认为你的方向是正确的。"

世界上最了不起的微生物猎人真心地理解他、相信他！梅契尼科夫备受鼓舞，几个月后，他带着妻子来到巴黎巴斯德研究所。

5

梅契尼科夫发现，自己确实在微生物界出名了，不过出的是恶名。他的免疫理论，或者更准确地说是假想，他认为，我们人体之所以产生免疫，是因为体内的吞噬细胞与入侵的微生物之间进行了殊死搏斗。一石激起千层浪，德国和奥地利的绝大多数微生物猎人都不买账；恰恰相反，正因为这理论简单明晰，他们更卖力地扯起嗓子反对。

埃米尔·鲁——梅契尼科夫的头号敌人大声斥责："我已证明老鼠的血清能杀死炭疽杆菌，是动物的血对微生物产生了免疫，而不是什么吞噬细胞！"确实，阐释血液重要性的科学论文足够塞满整整三间大学的博物馆。

梅契尼科夫自然毫不相让，他也公布了自己所做的实验，证明被巴斯德疫苗免疫了的羊，其血液依然能够培育大肆繁殖的炭疽杆菌。

双方各执一词，水火不容，他们对彼此满怀偏见，一边喊："你说谎！"另一边喊："你才是骗子！"二十年的对战中，"免疫功能要么是血液产生的要么是吞噬细胞产生的"这一观念根深蒂固，以至于遮蔽了其他可能性。比如，为什么不能是血液和吞噬细胞携手一起保护人体呢？抑或者，血液和吞噬细胞都不是使我们能够抵御疾病的根源？

我不愿美化他们，因为微生物猎人们在黑暗中磕磕绊绊的脚步，在后人看来并非没有瑕疵。这也是为什么我写下一本不完美但足够奇特、真实的"猎传"的初衷。

梅契尼科夫有令人一见难忘的大胡子、宽阔的前额和灵活聪慧的双眸。他热烈真挚的个性与花样百出的研究散发出无穷魅力，吸引着整个欧洲的年轻医生，他们都渴望投入他的麾下。

6

当时，有一位德国的微生物猎人宣称："梅契尼科夫的吞噬细胞说毫无意义。大家都知道，所谓的'吞噬细胞'内部可以看到微生物，它们确实是被'吞噬细胞'吞下去的。但要我说，这些游走细胞不是人体的守护者，而是清道夫，它们只会吞掉死了的微生物！"

梅契尼科夫大声要求助手拿来一些豚鼠，给它们接种了和霍乱杆菌相似的微生物细菌；过了大概一个礼拜，他又在豚鼠肚子上注射入威力强劲的杆菌。接下来的几个小时里，每过几分钟，他便用细玻璃针管从豚鼠腹部抽出几滴体液，用显微镜检查吞噬细胞是否吞下了杆菌。哼哼，圆圆的蠕动的细胞内部挤满了杆菌！"现在只要能证明吞噬细胞里的微生物还活着就可以了！"梅契尼科夫从豚鼠腹腔里取了一管灰色黏液，里面含有大量吃下杆菌的吞噬细胞。脆弱的吞噬细胞在体外没过一会儿就死掉了，外皮破裂，还活着的杆菌欢快地跑出来。梅契尼科夫马上把被吞过的杆菌注射到另一只没有获得免疫的豚鼠体内，轻而易举地杀死了豚鼠。

时间一点点来到十九世纪末，带着奇幻色彩的微生物捕猎活动终于成为被广泛接受的一门学科专业；梅契尼科夫与他人的攻讦战渐渐偃旗息鼓，他被授予奖章，获得资助。上千名研究者观察到了吞噬细胞如何吞掉有害菌的行动，有人用显微镜看到吞噬细胞吃下肺炎细菌，使肺炎患者重获健康。如此看来，梅契尼科夫确实发现了一个也许可以让饱受折磨的人过得舒坦一点的事实。可是没人能解释为什么同样患了肺炎，这个人死于微生物的凶狠攻击，而另一个人出了一身大汗便好了。

7

时间进入二十世纪，不少反对者对梅契尼科夫的吞噬细胞说法没那么排斥了。梅契尼科夫干脆写了一部关于游走细胞的小说，里面有一段这样的话："疾病只是一段插曲！……必得找出人类生命的奥秘，为何一定要衰老，一定要死亡？"死亡的念头令梅契尼科夫惶惶不安，可向死而生，谁又能逃离宿命？他退而求其次，希冀找到安逸绵长的生命秘诀。他跑去采访白发苍苍、说话漏风的老太太，研究各种年迈的动物。一天，他读到了一位名叫埃德格林的科学家撰写的报告，文章深入研究了动脉血管硬化的问题，认为它是人会衰老的罪魁祸首，并提出众多导致动脉硬化的原因，比如饮酒和某些疾病。

"人老，动脉老，这话没错。"梅契尼科夫决心进一步挖掘动脉硬化的成因。他用黑猩猩做实验，使它们染上特定的疾病，在不断地思考、计划、设想中，他突然无师自通地发现了一个其他人都未曾想到的原因——"自体中毒，毒素来自大肠里野蛮、腐坏的杆菌，这是动脉硬化的根本原因，所以我们老得那么快！"他立马开始了化学实验，具体的详情请恕我出于对你我都好的原因便不展开描述了，反正最后他说："如果我们没有大肠，会活得久得多得多！我查到两个人，大肠都被切除了，过得很好，一点儿也没受影响。"不过他话虽这么说，却并没有鼓动全民切除大肠，而是着手思考能够遏制"野蛮杆菌"的方法。

梅契尼科夫如此离经叛道的理论自然引发了不少嘲笑和攻击。四面八方的文章和信件丢过来，有的提醒他大象的大肠大得出奇，却能活一百岁；有的问，肚子里揣着大肠的人类可是地球上寿命最长的动物之一，绝大部分没有大肠的动物可没人活得长，你怎么解释？梅契尼科夫毫不示弱，一一驳斥回去，他告诉那些家伙为什么进化让动物留下了大肠。吵着吵着，他突然对自体中毒的解药有了灵感——

当时有人说，保加利亚不少村子里的老人都高寿过百岁，虽然没有前去亲眼证实，梅契尼科夫却对传言深信不疑。那些人还说，当地老人的主食是酸奶。梅契尼科夫念念有词："看！这就是证据。"他令实验室的年轻人研究制作酸奶的微生物，没多久，在某些投机商人的运作下，并未得到确切实证的保加利亚杆菌摇身一变加入了专利药品的行列。

梅契尼科夫不仅嘴上说酸奶菌可以将大肠里的恶性杆菌赶跑，同时身体力行地大量饮食酸奶，还写了几本大部头宣扬自己的新理论，一时风靡。英国的某家严肃刊物盛赞这些书是自达尔文的《物种起源》之后最重要的科学论著。

此后二十年，梅契尼科夫严格按照自己的长寿理论生活。不吸烟、不饮酒、不贪图放纵享乐，定期延请当时最知名的专家检查身体。面包店给他送面包，要放进专门的消毒纸袋里，以免被恶性杆菌污染。他经常化验自己的排泄物。当然，他还灌下了大量酸奶，以及数十亿枚保加利亚杆菌……

梅契尼科夫终年七十一岁。

西奥博尔德·史密斯
蜱虫与得克萨斯牛瘟

1

巴斯德曾立下誓言："终有一天，人类必将掌握把寄生虫病从地球上铲除的能力！"寄生虫病，几乎是每个微生物猎人都认真与之较量过的命题。不论是巴斯德与蚕病，科赫与结核杆菌，还是白喉阴霾下的鲁和贝林……即使面对格格不入的梅契尼科夫，窃笑的世人依然隐隐带着某种期待——也许他的吞噬细胞能够吃光世界上的恶性微生物。他们相信巴斯德的誓言，焦虑又耐心地等待着……

一位叫西奥博尔德·史密斯的年轻人挺身而出，他为微生物捕猎开辟了一番新视野，是美国微生物猎人的先驱。1890年代初，他解答了一个长久以来的疑问：为什么美国北方的牛来到南方会患得克萨斯牛瘟（即得克萨斯热病）？为什么南方的牛跑到北方，附近的北方牛会凄惨地死去，而南方牛却安然无恙？1893年，西奥博尔德·史密斯撰写了一份清楚直白的报告。可惜当时没有媒体对此进行宣扬，今时今日，报告依然处于绝版状态。

西奥博尔德·史密斯到底是一个怎样的人（保守估计，我写下本书时，即使在美国，也只有几千人听说过他的名字）？他是如何为之后的微生物猎人们指明了方向，让他们得以在实现巴斯德那动人誓言的路上更进一步？

2

1884 年，西奥博尔德·史密斯二十五岁左右，在美国康奈尔大学拿到了哲学学士学位，他同时是奥尔巴尼医学院的医学博士。可一想到作为医生，要面对无数毫无治愈希望的病人，他便会陷入痛苦。因此，他尤其热衷了解微生物。在康奈尔时（当时爵士乐还没有席卷美国），他喜欢用管乐器演奏赞美诗和贝多芬的作品。同样在那里，他深入地研究数学、物理、德文，而且极其热衷用显微镜观察事物。

来到奥尔巴尼后，西奥博尔德发现教授们对微生物并无兴趣，细菌不在医学专业疗法的讨论范围内，更不要提开授细菌学课程了。于是他毅然投身微生物科研领域，发表的第一篇论文，便是关于猫腹腔解剖的独到观察。作为一名微生物猎人，西奥博尔德·史密斯完成了首次亮相。

毕业后，西奥博尔德最想做一名专心的研究者，但人总先要活着。那时，美国有条件的年轻医生忙不迭地扎堆跑去欧洲，希望能站在科赫的肩膀上研究杆菌。当他们即将在专业领域启航的时候，西奥博尔德找到了一份糊口的工作，既低微又毫无学术地位的工作——华盛顿畜业局的一名职员，整个单位包括他一共四个人。尽管如此，史密斯依然见缝插针地研究微生物，他找到政府大楼里废弃的小阁楼，打开天窗，让泻下的光线照亮显微镜上的标本。这才是他应该做的工作！一切是那么自然，他好像生来就手里握着一枚注射器，嘴里叼着一根铂金丝。他的德语很不错，在夜里，他如饥似渴地拜读罗伯特·科赫的科研之路，模仿科赫的实验技巧，培育、捕捉可恶的杆菌。他的眸子里，映出了螺旋菌自在游动的身影，它们像起舞的螺丝刀。

"罗伯特·科赫教会了我所有！"短短一段时间，史密斯惊人地掌握了所有有用的知识，开始了审慎的微生物研究。热气腾腾的阁楼像蒸笼一样，他抹掉鼻尖的汗滴，以科赫的严谨方式，一步一步踏上了科学之路。

3

我们常常强调科研的自由，人们大多以为凡是做研究的都可以随意选择深挖哪个课题。大错特错！西奥博尔德刚工作时，可自由支配的时间少得可怜。畜业局全员四人都必须去解决猪啊，牛啊，羊啊的各种问题。他们最好能像消防员一样，把各种牲畜病症扑灭。

最棘手的是南方牧民买来的北方牛，它们从车上下来，与健康的南方牛一起在草场上吃草，开始的一个月都很好。突然，天降横祸，北方牛像中了邪一样，停止进食，一天掉几十磅肉，它们的尿液变成诡异的红色。它们茫茫然站立着，脊背隆起，目含悲切。没过几天，最后一头北方牛四肢僵硬地倒在草场上。南方牛到了北方也一样。它们下了船，进入北方草场，不多久，啃食同一片草地的北方牛难逃厄运。大概一个月左右，第一例死亡出现了。死亡像一阵疾风，不出十天，最后一头北方牛的尸体上已经盖了土。

如此离奇的疫病究竟是什么原因引起的？举国震动，南北方牧人发生摩擦，成百成百死去的牛引起了纽约市的恐慌，城市卫生局资深的权威医生出马，试图找到蛛丝马迹……

智慧的西部老牧人中间，流传着一种说法：得克萨斯牛瘟是由一种吸血的寄生虫引起的，这种虫叫蜱。专家们听了，哄堂大笑，蜱虫导致疾病？什么虫子能导致疾病？天方夜谭！反科学！愚蠢！"得克萨斯牛瘟是粪便传播的！"一名权威说。"不对，是口鼻飞沫！"另一个专家不满意。他们你争我吵，牛一片片地倒下。

4

1888 年，华盛顿畜业局的局长萨门命令三个手下全力研究得克萨斯牛瘟，他也相信微生物学说——虽然他对此了解不多。萨门对西奥博尔德说："找到那个病菌！"西奥博尔德趴在显微镜上，牛脾切片里面挤满了各种各样的微生物，活像一个繁殖过量的动物园。他闻了闻那块脾，皱起鼻子，牛脾一股怪味，已经变质了。

西奥博尔德马上要求把刚死的病牛牛脾放在冰块里送过来。这一回，显微镜里看不到微生物，只有大量不知道为什么碎烂的红血球。西奥博尔德知道，干坐在实验室里不会有进展，他必须得趁病体还活着的时候展开研究，而得克萨斯牛瘟集中在夏季爆发。西奥博尔德一边做准备，一边耐心等待炎夏的到来。

1889 年夏天，办公室同事基尔伯恩告诉了西奥博尔德可笑的蜱虫理论，他马上竖起耳朵追问："那些牧民见的得克萨斯牛瘟最多了，他们怎么说？"

虽然成长在城市，并且接受了长期的学术训练，西奥博尔德并不一味追捧坐在高楼大厦里摆弄精密实验器械的专家；对没读过书、生活潦草的乡下农民和牧民也毫无轻视。他认为他们通过日复一日的劳作领会了大自然的智慧。他一字不落地听完基尔伯恩调侃"愚蠢"的蜱虫理论，暗想：牧民没必要编个虫子来自我欺骗，他们与牛同吃同住，算得上牛群的一分子；如果他们说是可恶的蜱虫让自己的心血打了水漂，让家里的孩子老人饿肚子，那绝对不是空穴来风。

5

气温日日攀高，西奥博尔德·史密斯带着助手基尔伯恩搭建了一个古怪的实验室——四面没有围墙，头顶烈日，脚踩牧场，整个场地被栅栏隔成了五六块。1889 年 6 月 27 日，七头相当瘦但十分健康的成年牛从北卡罗莱纳州的农场乘船出发，那里是得克萨斯牛瘟发病的中心区域，北方牛到了北卡罗莱纳州只有死路一条。七头牛，无一例外身上满是成千上万只不同种类的蜱虫，有的虫子要用放大镜才能被看到，还有大得吓人的母蜱虫，足有半英寸长，腹部鼓鼓的，从宿主身上吸来的血仿佛要把它们的肚皮撑爆。

西奥博尔德和基尔伯恩把四头满载着蜱虫的南方牛赶进 1 号实验场，同时送入六头健康的北方牛。西奥博尔德点点头，"这几头北方牛之前从未接触过得克萨斯牛瘟，没有免疫力，很容易染病，接下来让我看看究竟是不是蜱虫惹的祸吧。"他和基尔伯恩用手从剩下的南方牛身上捉蜱虫，三头牛奋力反击两位胆敢冒犯的陌生人，烈日炎炎，扬起的尘暴细细地与牛身上的汗液融为一体。他们扒开打结的皮毛，忍着双眼传递给大脑的恶心场景，不停地捉虫子，抽筋的手指时而不听话，捏爆了晶莹的母蜱虫。

谢天谢地，忙到天黑，三头南方牛身上再也看不到一只蜱虫的影子了。西奥博尔德把它们赶进 2 号实验场，同样也送入四头健康的北方牛。

七月过去了，八月过去一小半了。在炎热、焦心的等待中，西奥博尔德也没闲着，他和在政府就职的昆虫专家库珀·柯蒂斯展开了繁忙的蜱虫研究。他们目睹了六肢蜱虫幼虫怎么爬上牛身，紧紧扒在牛毛下，敞开肚皮吸血。吸了血的蜱虫蜕掉皮，得意扬扬地伸着新长出的两条腿继续胡吃海喝，接着再次蜕皮。之后它们找到八肢母蜱虫，它们在牛背上交配；肚里装了下一代的母蜱虫拼了命地吸血汲取营养，最后瓜熟蒂落，从牛身上滑落到地上，产下两千个甚至更多的卵。一个轮回不到二十天，它们的使命便完成了，蜱虫们的身体瘪掉，离开了世界，留下了两千个后代。

西奥博尔德每天都去露天实验场，看看1号的北方牛身上有没有蜱虫，再从2号的南方牛身上捉漏网的蜱虫——不是西奥博尔德和基尔伯恩当初不细心，实在是那个时候它们还小得肉眼看不见。

进入八月中旬没几天，1号场的一头北方牛身上出现了蜱虫，它吃不下草料，背脊因为消瘦突兀地顶起。不多时，六头北方牛接二连三地染上了蜱虫，身体滚烫，血肉仿佛化成稀薄的水，肋骨条条分明，骨瘦如柴。无数只蜱虫织成一条毯子，无缝贴合地裹住了牛的身体。而在2号场，北方牛依然和原来一样，健康悠闲，似乎不知道几位同乡正在隔壁忍受着莫大的苦痛。

1号场里的北方牛体温越攀越高，一个个死去。西奥博尔德拿出自己手中最精密的显微镜，检查死牛的血液，发现本应该结实紧密似圆盘的血细胞上面，出现了奇怪的梨形小孔——一开始它们看上去是一个个的洞。西奥博尔德把显微镜的倍数调到最大，把焦距仔细地调了又调，又观察了十几份夹在玻璃片中的牛血样本才确定：这些小洞是梨形的微生物。在死于得克萨斯牛瘟的六头牛的血液样本中，都有它们的存在，它们总是藏在有时会破裂的红血球中；而在健康的北方牛身上，完全没有见过那种生物。他轻声说："它们也许是得克萨斯牛瘟的致病微生物。"西奥博尔德和科赫一样谨慎，必须观察过上百头或健康或染病的牛的血，否则不会贸然下结论。

暑气逐渐消减，时间已进九月，2号场的四头北方牛依然好好的，膘肥体壮。西奥博尔德将其中两头赶进1号场，一个礼拜后，几只小小的红棕色蜱虫爬上了新来者的腿。又过了没两个礼拜，其中一头牛死了，另一头牛表现出明显的感染了得克萨斯牛瘟的症状。

我从没有见过西奥博尔德这样的人，在十拿九稳的情况下依然坚持寻找更多的证据，而不是立即拥抱自己长久以来的设想。他再次实施了一个验证实验：让北卡罗莱纳州送来一些大罐子，里面装满了附着大量蜱虫的草叶，蜱虫张大嘴四处搜寻，它们急切地渴望牛血。西奥博尔德在3号场地均匀地撒下附着大量蜱虫的草叶，然后赶进来四头北方牛。几个礼拜后，它们日渐消瘦，明显没了气血，一头死了，活下来的三头中的两头得了得克萨斯牛瘟，但是痊愈了。

6

梳理一下。在既有南方牛又有蜱虫的环境中，北方牛死于得克萨斯牛瘟；有南方牛但无蜱虫，北方牛安然无恙；没有南方牛但有蜱虫，北方牛也会死于得克萨斯牛瘟。结论，蜱虫导致得克萨斯牛瘟。不过西奥博尔德决定等1890年炎夏再做一些实验来进一步证实。等待的空当，他思考了一个问题："蜱虫是怎么把牛瘟从南方牛身上传给北方牛的？"蜱虫和飞来飞去的蝇类不一样，它们一生都只待在一头牛身上。难道是蜱虫吸饱了血掉到地上，被碾碎了，体内的梨形微生物留在草上，而草又被北方牛吃下去了？

他从北卡罗莱纳州弄来几千只装在罐子里的蜱虫，混在草料里喂给一头没得过牛瘟的北方牛，并且把牛专门关在一个与外界环境隔离的牛棚中。但是牛什么事都没有，快乐地埋头大吃大喝。他又把碾碎的蜱虫做成汤喂给另一头没得过牛瘟的牛，它美滋滋地享用，竟然还圆润了不少。

百思不得其解的西奥博尔德又想到了一个问题，为什么在南方牛来了至少三十天后，这块牧场才有危险呢？南北方的牧场主都知道，要是让南北方的牛待在一起，比如说二十天的时候，就把它们分开，北方牛一般不会得病。

1890 年夏天来了。西奥博尔德忙于各种精心设计的实验。他从北方牛身上放了大量的血，让它们处于贫血状态，以确定他在血细胞中发现的怪异梨形物体是微生物，而不是贫血引起的某种血液变化。他已经熟练掌握了在实验室玻璃培养皿中制造只存在蜱虫幼虫的培育环境。做得多，得到的也多，比如他发现了一个有点奇怪的现象：让北方母牛丧命的得克萨斯牛瘟，只会让母牛产下的牛犊体温轻微升高。于是他决意把蜱虫的危害研究透彻。比如："培养皿中培育出的蜱虫幼虫，虽然它们父母能够传播疾病，但自身没有接触过病牛或者说危险的牧场，如果我把它们放到一头北方牛身上大量吸血，还会让牛得病吗？"

老实说，反正在我看来，这与得克萨斯牛瘟防治隔了十万八千里。但西奥博尔德坚信磨刀不误砍柴工，他在一头母牛犊身上放了几百只出生在培养皿里的蜱虫幼虫。一天上午，他又照例来到单独饲养这头母牛犊的牛棚，准备取血回去观察，结果他刚把手放在牛身上便被吓了一跳，怎么回事？牛犊烫得吓人！再一看，它头也抬不起来，草料一口没动，之前取血划破的伤口处涌出了又稀又黑的血。西奥博尔德取了血样，飞奔回阁楼实验室。果然没错！显微镜下，本来圆满平滑似旧硬币的血细胞拧巴着，边缘呈现锯齿状，有的甚至破裂了。神奇的是，破开的血细胞中，可以看到梨形微生物。结合谨慎的逻辑推理，一切水落石出：牛瘟的致病微生物来自北卡罗莱纳州的第一代蜱虫，这些微生物进入并且在它们产的卵中存活，等幼虫长大了，蛰伏其中的微生物才在牛群中大杀四方。所以将看不见的杀手送入北方牛体内的不是原本的老蜱虫，而是它们的孩子，刚出生、小得甚至肉眼都看不见的小蜱虫。

为什么牧场要过三十天才变得危险这个问题也迎刃而解，母蜱虫从南方牛身上掉落后，产卵用几天，卵孵化出幼虫需要二十天，小蜱虫还得从牛腿爬到牛背，吸血传毒，如此一番下来，至少得花上一个月。

西奥博尔德以最快的速度又培育出几千只蜱虫，证明了自己的推论是正确的。每一头"供奉"了大量蜱虫幼虫的北方牛都得了得克萨斯牛瘟。他现在准备把发现公布于世了吗？相信你也猜到了，没有！我们的西奥博尔德·史密斯酷爱证据，甚至可以用贪婪来形容。1890 年夏天的暑热褪去，秋风瑟瑟，西奥博尔德在牛棚里安了一个煤炉，用高温培育出蜱虫。他牵一头牛进来，把蜱虫放到它身上。幼虫们小小的嘴巴死死咬住牛皮，炉火替代太阳提供了丰沛的热量，这头牛在冬日感染了得克萨斯牛瘟！

接下来连续两个夏天，西奥博尔德和基尔伯恩奔走在牧场间，一点一点夯实了研究的每一个细节，堵死了每一个漏洞。对于兽医专家的所有疑问，他们都提前准备好了精简又正确的回答。另外，两人进一步揭开了免疫的秘密。例如有的北方牛只是轻微地被得克萨斯牛瘟袭击，也许一个夏天病了几次。然而到了来年夏天，它们可以放心地在危险的牧场上随意吃草，其他没有免疫的北方牛则大多丧命。为什么南方牛从来没出现过死于得克萨斯牛瘟的情况呢？因为这种病在南方随处可见，蜱虫遍地都是，南方牛从小被叮到大，世代生活在这种环境中，血液里基本都含有梨形微生物，它们获得了群体免疫。

连续辛劳了四个热到窒息的夏天后，1893 年，西奥博尔德坐下来，铺展纸张，一个个回答了世人关于得克萨斯牛瘟的所有困惑。我拜读了这篇文章，从来没有人——我并没有忘记列文虎克、科赫，包括时至今日所有微生物猎人的伟大著作——从来没有人面对大自然的谜团，写出过比这更简洁、更坚实的回答。一个聪明的小男孩读了可以理解，艾萨克·牛顿看完了也要忍不住脱帽致敬。我个人的感受是，《对得克萨斯牛瘟或南方牛瘟性质、成因以及防治的调查》有着贝多芬悲楚暮年所作的第八交响曲的神髓。西奥博尔德恰好也钟爱贝多芬。两部作品，主题都同样简单到荒谬，展开却繁复玄妙、完美周全，正如大繁即简的万千世界。

7

西奥博尔德·史密斯为人类开创了一片新征程，向我们说明了一种前所未知的疾病传播方式——昆虫携带致病微生物。得克萨斯牛瘟早已不再是美国牧民的困扰，这篇淹没在故纸堆里的超凡文章成了后继者的开端……

布鲁斯
舌蝇无踪

1

"毛头小子！"英国军中医疗服务队的总领队怒火更炽，脸色变得绛紫，"你个毛头小子，我要把你派去印度，去桑给巴尔，去廷巴克图。我有权把你发配到天涯海角！去哪儿你也别想去纳塔尔！"他的怒吼震得房梁发抖。

戴维·布鲁斯还能怎么办？他只好敬个礼退下了。他使出万般手段，甚至不惜狠狠得罪长官，只为去南非捕猎微生物。当时是十九世纪九十年代初期，西奥博尔德·史密斯刚发表了革命性的有关蜱虫的论文。布鲁斯同样热爱冒险，渴望为人类开辟新视野。非洲恣意流淌着各种神秘的病毒，在橄榄绿色的树丛和密林里，演奏着上百种蝇虫嗡嗡哧哧的混响。那里是发现者的天堂，是显微镜和微生物猎人大展身手的好地方。

戴维·布鲁斯从不是个听话顺从的人。从爱丁堡医学院毕业后，他进入了英国军中医疗服务队。从某些方面看，他不是一位模范兵。做中尉的时候，他顶撞过上校，还威胁要把对方揍翻在地。婚后，他和妻子去了英军驻守的地中海马耳他岛。她发现岛上有一种神秘的怪病，叫马耳他热，患病士兵的整条胫骨疼痛难忍。

布鲁斯决心找出马耳他热的病因。他在一间废弃的小屋里建了个实验室（其实他对微生物实验室是什么样的知之甚少！），花了几个礼拜学习如何从牛肉汤和洋菜中提取马耳他热细菌的培养液。因为极度缺乏经验和基础知识，他把事情搞得一团糟，只好把妻子从网球草坪上叫回来，请求她的帮助。他买来猴子，试图把饱受折磨的士兵的血液注射进猴子体内，但它们死命挣扎，咬他，抓他。他一脸狼狈地朝妻子大喊："你能帮我抓着这只猴子吗？"

这一帮就是三十年。布鲁斯夫人陪伴丈夫一起出入最肮脏的瘟疫窝，分担他的清贫，在黑暗中为他遥遥无期的光辉未来洒下一丝光亮。刚开始时，夫妇俩毫无头绪，后来慢慢上手，不过一直没有突破。驻军处的高层医疗长官质问他："你到底在干什么？为什么不去治疗备受折磨的士兵，老是钻到那什么鬼实验室里？"他们喊他傻瓜、白日梦患者、干啥啥不行的驯猴怪人、只会摆弄试管的废物。一纸调令，他奔赴埃及。

2

布鲁斯后来又从埃及回到英格兰，在内特黎军中医疗服务学校教授微生物相关课程。在那里，他结识了爵士沃尔特·海利-哈钦森——掌管纳塔尔、祖鲁兰和其他很多地方驻军的长官。不知天高地厚的上尉布鲁斯直接找到爵士，强硬要求被派遣至非洲，于是才有了开头那番"暴风雨"。布鲁斯不气馁，花了一点心思，1894年，少校军医戴维·布鲁斯和夫人如愿置身纳塔尔，坐上每天行进十英里[①]的牛车前往祖鲁兰的乌邦坡。牛车双层顶篷的阴影下，气温依然高达四十多摄氏度；黑压压的舌蝇赶也赶不走，以迅雷不及掩耳之势"啪"地落在人裸露的皮肤上；毒蛇吐信一咬一个口子；他们耳边是鬣狗的呼号和狮

---

① 1英里≈1.6千米。——译者注

子的咆哮；他们每晚都得花大量时间拍打蚊虫，抓挠红肿处。那是第一支来到祖鲁兰的英国纳加纳研究团，布鲁斯和妻子也在其中。

他们得到的命令是弄清纳加纳的来龙去脉，越详细越好。该病在南非多地肆虐，所过之地尽皆荒凉，完全无法开展农业活动，沦为名副其实的"死亡之地"。纳加纳是当地人给这种病起的名字，意思是"委顿"。纳加纳悄无声息地潜入良马的身体，让它们皮瘦骨柴，毛色驳杂，全身的腱肉化成水积在腹部，鼻子滴下清鼻涕，白色的膜翳蒙上双眼，良马日渐衰弱，最终死去。每一匹被纳加纳染指的马儿都逃不脱死亡的追捕，牛也一样。农民们引进良种牛配种，结果运来时膘肥体壮的牛很快倒在牛棚中，合上瘦得格外凸起的双眼，再也没能睁开。

一番艰难跋涉后，布鲁斯夫妇终于抵达乌邦坡。他们住在一座挺拔的山上，向东望去，山下是六十英里的平原，青翠的绿植与草叶默默含笑，再远处横卧着印度洋。简陋的实验室里放了几架显微镜、几块玻璃片、刀具、两只手都能数得清的少量注射器，也许还有几十根试管：我们今天的医学生看了简直会觉得像幼儿园过家家。夫妻俩首先将病马和病牛从山下的平原赶上来。我补充一句，在乌邦坡贫瘠的山上，牲畜们可以安全地躲开纳加纳的袭掠，一旦把牛马赶到水草丰美的山下，还没等它们贴膘，大约会有十分之一死于纳加纳。事无两全，当地人称这是天意。

天气热得出奇，镜头下方，是一份病马的血液样本；镜头上方，是被汗滴模糊了的双眼。连续几个小时一动不动的观察引得他们头颈发僵，不过夫妇二人甘之如饴，拿对方满是红血丝的眼睛开玩笑，他们甚至给病牲畜们起了一连串外号。也许在没有爵士、没有人群的荒山上，布鲁斯第一次感觉自己是一名自由的研究者。

没多久，他们获得了首个发现：在病死的马匹的血液中，一个野蛮又罕见的小东西正在伸展跳跃，它的周围是摞在一起的淡黄色血细胞。布鲁斯缓缓推移样本，层层叠叠的血细胞旁边有一片开阔的空地。

他正在惊诧，突然一场"骚乱"闯入视野：一个奇特的长条状小怪物（比常规的微生物大得多）——一头圆钝，另一头拉出一条细长线——啪啪奋力抽打着，力道大得似乎快把自己"尾巴"抽断了。他再定睛一看，它的外形像根细长的雪茄，只不过它显然更灵活，有时自己能把身子打个结，而且和长长的身体相比，它快速奔跑的动作简直有一种轻灵的优雅。又来一个！啊，还有！多么与众不同的小家伙啊！和其他只会傻傻划行的平庸的微生物不一样，它们像一条条聪慧矫健的小龙，从一个圆圆的血细胞飞跃向另一个血细胞，轻而易举地钻进去，在里面又拽又扯，牵着血细胞一起滑动，然后它们突然又一个直线飞跃离开，钻入"空地"边缘的血细胞丛里……

"锥体虫！"布鲁斯惊叫一声，招呼妻子赶紧来看。在所有得了纳加纳的动物体内，他们都找到了这种锥体虫。不仅是血液、肿胀眼皮下的分泌物、取代脂肪坠在腹部皮下的黄色胶质，那里都有锥体虫的身影。而在健康的狗、马、牛身上则完全没发现锥体虫。"锥体虫是如何由得病的动物传染给健康动物的呢？"

在山上，他们可以放心地把健康的动物和得了纳加纳的动物关在一起，山上的牛马也从没得过纳加纳！为什么呢？布鲁斯陷入沉思……

他正准备做实验，上级找到了他：少校军医布鲁斯立即前往彼得马里茨堡①，治疗当地爆发的流行性伤寒。

3

夫妇俩才刚研究了五个礼拜的纳加纳病，又坐上牛车，穿过丛林，日行十里奔赴彼得马里茨堡。在医治病人和研究伤寒的过程中，布鲁斯不幸染病，差点一命呜呼；还没康复，又紧接着被派随军作战。横穿几百英里的密林险境时，部队损失了所有马匹和骡子，只有布鲁斯和其他少部分人幸运地逃出来了。

一年的时间被浪费了。1895 年 9 月，布鲁斯和妻子回到乌邦坡，继续尝试解开纳加纳的传染之谜。当地流传了不少关于纳加纳的传说，布鲁斯和西奥博尔德·史密斯一样，愿意倾听并验证民间猜测。

"是舌蝇引起的纳加纳，"久居当地的欧洲人肯定地说，"舌蝇叮咬家畜的同时投放了毒素。"

"纳加纳和大型动物有关，"智慧的祖鲁兰族酋长和药师表示，"像水牛、斑驴、大羚羊、捻角羚，它们的排泄物污染了水草，传播了纳加纳。"

"要这么说，为什么我们的牲畜总是无法安全通过密蝇区，为什么纳加纳又叫舌蝇病？"欧洲人反问道。

"你问我为什么，密蝇区那么大，你要是能让它们不吃不喝，安全通过倒也不难！"祖鲁兰当地人不甘示弱。

---

① 现位于南非。——译者注

布鲁斯听完后，设计了两个实验。他找来一些健康的良马，在它们的口鼻上绑了厚厚的帆布袋，阻止它们进食饮水，然后把它们拉到山下。马儿进入美丽又危险的平原，在那里待了几个小时。当然他也不能离开，要时刻注意别让马把袋子挣脱下来。铺天盖地的金棕色舌蝇饿狼扑食一般，"啪""啪""啪""啪"，此起彼伏地落到马身上，二十秒后，舌蝇的肚子便鼓成了亮晶晶的圆球。漫山遍野的嗡嗡嗡，世界好像都是舌蝇做的，布鲁斯狼狈地挥动着双臂。三十年后，他回忆起当时的情形，对我说："它们妥妥地要把人逼疯了！"

　　此后每天，太阳升起，布鲁斯、马儿们和来帮忙的祖鲁兰人走到山下平原；太阳沉入乌邦坡的地平线时，大伙儿又嘟嘟囔囔、满身臭汗地爬上山。大概过了十五天，一匹已成为"舌蝇餐厅"的马儿出现了症状，布鲁斯检测其血液，发现了锥体虫，血细胞在凶悍的锥体虫面前毫无还手之力。这批每日下山的马儿没有吃过山下的一片草，没有喝过山下的一滴水，却统统丧命纳加纳。

　　"不过这也不能完全排除环境的原因，假如锥体虫是从呼吸的空气中进入鼻腔的呢？"布鲁斯坚持一个观念，未经实验证明为胡说的胡说不是胡说。他又买了一些健康的良马，让它们待在安全的山上，这离下面危机丛生的平原有几千英尺①远，然后他带着一匹马跑到山下。舌蝇一窝蜂落在马身上，布鲁斯和祖鲁兰人把舌蝇一只只捉下来，放进一个薄得透明的纱布袋里。等返回山上，布鲁斯把袋子放到另一批马身上，透过镶在袋上的玻璃片可以看见，里面的数百只舌蝇把口器穿透薄布吸血。没到一个月，从未吃过山下的食物、饮过山下的水，甚至

---

　　①　1英尺≈0.3米。——译者注

连山下的空气都没呼吸过的马儿轰然倒地不起。死因不必说，纳加纳。

现在证据确凿，舌蝇是传播纳加纳的唯一途径。不过问题随之而来："平原上的舌蝇是怎么携带上锥体虫并将之传播的呢？在密蝇区，常常几个月都没有牲畜得纳加纳，舌蝇又不能活几个月，所以肯定是从野生动物那里传播出来的锥体虫。对了，大型动物！"惊人的猜想震得布鲁斯心脏咚咚跳。他赶忙带上猎枪，捕回斑马、羚羊，对它们的尸体进行解剖。可是他并没有在显微镜中看到锥体虫。"也许有，只是太少了，我没看到。"他抽取了十种野生动物的血注射给健康的狗。根据结果可以推断，导致纳加纳的微生物潜伏在野生动物体内，一旦时机来临，便由舌蝇传给人类驯养的牲畜。

至此，布鲁斯拿下了他非洲探索的第一个猎物。

4

沃尔特·海利-哈钦森爵士认可了布鲁斯的研究，下令部队驱赶、消灭舌蝇。

紧接着，第二次布尔战争爆发。布鲁斯夫妇和其他九千名英国人被困在雷地史密司。驻军有三十名医疗兵，但是没有外科手术医师。布鲁斯毛遂自荐担任首席外科手术师："那些没经验的家伙怎么拿得了手术刀！我虽然也窝在实验室里，但是解剖过大量的狗、豚鼠和猴子。曾经有个伙计膝盖被打烂了，他打麻药的时候我坐在隔壁读特里维的外科书，临时抱佛脚学着怎么取出膝关节。最后我保住了他一条腿！"他成功地接过手术刀，在战场上九死一生。1924年，在多伦多一家医院里，布鲁斯躺在半支着的病床上向我回忆往昔，这位饱受支气管炎折磨的巨人，明亮的双眼绽放着无限光华，盖过了横生的皱纹和蜡黄的脸色，毫无疑问，他为自己的不驯和勇敢而骄傲。

5

时间来到发生雷地史密司事件的两年后，军队再次请他去捕猎微生物。中非的维多利亚尼亚萨湖，处于赤道附近，正面临大规模死亡事件。死神的镰刀缓慢轻柔地划过，仁慈得没有造成什么痛苦，被收割的人们先是断断续续发烧，接着转为无法克服的乏力，原本繁忙的湖畔日益萧索。有的人吃着吃着饭睡着了，醒来后无力地合上嘴巴，他们不知什么时候会再次神魂游离，也不知下一次游离过后能否睁开眼睛，抑或身躯将在无知无觉中变凉。这就是非洲的昏睡病，几年时间便在乌干达轻松杀死了几十万人。

英国皇家学会派出三名研究者组成调研团，乘船来到乌干达。在酷热潮湿中一番摸索后，调研团成员的意见发生了分歧：一人坚信黑人血液中找到的长条蠕虫是病因；第二人据我所知没有提出明确的想法；剩下的那人名叫卡斯特拉尼，他一开始认为昏睡病的罪魁祸首是一种链球菌，它和让嗓子疼的微生物类似。这个说法，请允许我插一句嘴，离谱得很。不过卡斯特拉尼热衷探索和尝试。一天，从一位即将在昏睡中抵达死亡彼岸的黑人脊柱里，他抽出一些液体，放入离心分离机，试图利用高速旋转将可能存在的微生物分离出来。他取出一滴灰色的分离物质观察，本来期待可以看到链球菌，没想到与戴维·布鲁斯的老对手——锥体虫不期而遇。这个锥体虫和纳加纳病虫非常相似。在另外六个弥留的黑人的血液中，卡斯特拉尼发现了更多的锥体虫。

昏睡病已经在非洲泛滥，英国皇家学会派经验老到的戴维·布鲁斯前往解决，随行的有受过良好训练的纳巴罗、上士吉本斯、布鲁斯的妻子（她虽顶着助手的头衔，但夫妇二人全靠布鲁斯一人的俸禄生活）。四人来到乌干达，与卡斯特拉尼会面。后者告诉布鲁斯自己关于链球菌的猜测，以及发现了锥体虫的事实。几人取出显微镜，安装好，马上打开样本扩大观察。在四十多个昏睡病病人的骨髓里，他们都发现了那些锥体虫。布鲁斯又说服当地没得病的黑人，抽取他们的骨髓一一查看。果然！没有看到一只锥体虫的影子！

这是一项阶段性的大成功，卡斯特拉尼和布鲁斯已经基本锁定昏睡病的病因。不过多年的研究经历和寻根究底的性格，帮助布鲁斯形成了一套严密的微生物捕猎逻辑，他灰色的眼珠快速转动，提出了一连串的疑问：这种疾病的微生物在自然环境中的适宜生存条件是怎样的？它如何侵入健康人体内？它们是怎么出现的，祖先是谁？昏睡病的传播有没有什么特殊之处？

他又想到隔绝于高山之下的纳加纳，灵光一现：昏睡病只局限在此地，是因为这里具备什么特别条件吗？他和妻子亲自考察发病区的地理范围，得到了答案：昏睡病发病区在地图上的形状像一条细窄的带子，沿着该国河流，且仅在河流两岸出现，当然还有被水环绕的小岛；甚至维多利亚尼亚萨湖尽头的里彭瀑布附近，也是病区。由此推断，肯定有某种吸血的昆虫，邻水生长，传播昏睡病。布鲁斯猜想："也许这种昆虫是舌蝇。"

昆虫专家断然否定了布鲁斯的猜测：在三千英尺海拔的高原，不可能有舌蝇生存。乌干达的首相也表示，抱歉，我们有种叫基伍的蝇，但是乌干达绝没有舌蝇。

布鲁斯不相信！

6

一天，布鲁斯和妻子穿过恩德培的植物园。布鲁斯走在前面，突然，身后的妻子喊道："戴维！有两只舌蝇，它们在你背上！"她灵敏地一扑，捂住两只舌蝇，恰到好处地把它们捏死，递给丈夫。原来，舌蝇在乌干达被称作基伍，基伍就是舌蝇，舌蝇就是基伍。布鲁斯夫人简直是科学界的戴安娜[①]。

从已然无力回天的昏睡病病人身上，布鲁斯抽出脊髓，注射给猴子，猴子果然也患了昏睡病。接下来，他和妻子用捕虫网和纱布袋捉回舌蝇，让舌蝇吸快死的病人的血，但是只让它们喝个半饱，然后他们把舌蝇捉下来，放到猴子身上继续吸血，并且保证其间没有外来的其他舌蝇干扰实验。一段时间后，他们开始观察猴子的状况以及舌蝇体内是否有锥体虫。

布鲁斯还用坚定如铁的态度和咄咄逼人的气势说服了乌干达首相阿波罗·卡格瓦。阿波罗接过捕蝇网和口袋，发动国民，按照布鲁斯所说，在全国进行地毯式调查。每当收到一个装着舌蝇的口袋，布鲁斯都把一枚红色的大头针钉在地图上的舌蝇发现地。如果某地发现有昏睡病病例，布鲁斯便钉上一枚黑色的大头针。地图上的黑红针帽一目了然：有舌蝇的地方便有昏睡病，没有舌蝇的地方几乎没有昏睡病。

紧接着，从实验室也传来了好消息。与外界隔绝的猴子们，被吸过昏睡病病人的血的舌蝇叮咬后，一个接一个死去，死时手里还握着想吃却没力气张嘴吃的香蕉；没有被叮的猴子安然如常。

7

现在，让昏睡病从地球上消失吧！

---

① 希腊神话中的女神之一，从智慧女神雅典娜处得到了智慧以及洞察真理的眼睛。

阿波罗和当地的一些部族小首领聚在布鲁斯的实验室里,聆听昏睡病的原理和应对办法。

会后,大功告成的布鲁斯夫妇返回了英国。阿波罗下令要可怜的黑人们举家迁往内地,离开水边的村落。也许很多年后再回来,也许永不再回来。那是他们祖祖辈辈生活的地方啊,多少代人曾在亲爱的水绿荫浓里打鱼、游玩、做生意、繁衍生息。手鼓的野性响声,再也不能蹚过水面传入对岸人的耳朵。

"所有人不得在湖区十五英里内居住,也不许再来湖边。如此昏睡病才能被灭绝,因为基伍只在水边生存,我们都离开后,基伍没有了传播疾病的对象,等最后一只带病的蝇死掉,我们也许可以回来。"阿波罗命令道。

沉默、顺从的乌干达人执行了首相的指令。

戴维·布鲁斯晋升上校,获封高级爵士,大英帝国为他喝彩。布鲁斯夫人呢?哎,她只能以丈夫为豪,做他身边默默无闻的助手。

非洲似乎重新成为安全地带。可是大自然有自己的打算,并不愿如阿波罗和布鲁斯所期待的那样,从广阔无边的物种柜里丢掉漂亮的锥体虫,她留了一手。没过几年,湖东岸的韦朗多族首次出现了昏睡病病例。英国皇家学会派了一个调查团前往,团里有一位年轻聪颖的微生物猎人,名叫图洛克。一天,他来到湖边一块点缀着血红花朵的绿荫下野餐,按布鲁斯的理论,现在湖区应该已经安全了。可是一只舌蝇叮了他一口,不到一年,图洛克便陷入了永恒的冰冷的沉睡。调查团狼狈回国……

此时,布鲁斯正在研究马耳他热,图洛克的噩耗传来后,他打包行李回到了乌干达,决意检查怎么想都应该是万无一失的实验究竟有何错漏。尤其令他和妻子气馁的是,昏睡病正在原来从未出现过的地方大肆收割人命。谦逊正直的布鲁斯没有岗顾事实，盲目维护自己的理论，既然乌干达人早已远离湖区，而小小的舌蝇不可能有几年的寿命，那么证明"我的计划确实有个漏洞，就是没考虑到或许舌蝇能够在远离人类的某处获得锥体虫。说不定和纳加纳一样，舌蝇也可以依靠野生动物的血液生存。"

我们难以想象原始热带环境的恶劣，我们不明白为什么他们没有被击溃。夫妻俩深入无人区搜集、捕捉舌蝇，在火蜥蜴都无法忍受的灼热地狱里战斗了整整三年。布鲁斯满载着辛劳惊险的笔记中留下了这样一句话：2876只舌蝇（均从未叮咬过人类昏睡病患者）咬了5只猴子，其中有两只患了昏睡病！

"锥体虫一定躲在野生动物体内！"布鲁斯吼道。

鳄鱼、野猪、灰鹭、紫鹭、鸻鸟、翠鸟、鸬鹚，他们全力搜集尽可能多的野生动物血液，结果纷纷令他们失望。直到有一天，在科梅岛一头野牛的血液里，布鲁斯锁定了昏睡病的锥体虫。它与宿主野牛相安无事，可如果它被一只舌蝇的口器带给人类，昏睡病无疑将带走那人的生命。布鲁斯立马给阿波罗去信，让他下令把牛赶离人群，同时继续做实验。果然，昏睡病的锥体虫可以在牛体内存活。布鲁斯又让未携病的舌蝇先叮患了昏睡病的猴子，再咬羚羊，他对一种又一种野生动物进行了试验……

最后，他对阿波罗说："湖边的密蝇区里也坚决不能有羚羊。如此才能彻底安全。"

昏睡病真的从维多利亚尼亚萨湖消失了。

8

1911年，戴维·布鲁斯最后一次远征非洲，一种新型的昏睡病在尼亚萨兰和罗德西亚爆发，更加骇人，而且从发病到死亡的时间由几年缩为短短几个月。他年近花甲，身体的各种器官被热带夜晚的暴雨和阴寒严重损坏，曾经健硕的身体虚弱不堪。研究了一段时间后，布鲁斯听一位德国人说："这种锥体虫是一种从未被发现过的虫子！"

"不对，它就是纳加纳的微生物，只不过从牛传到了人身上。"布鲁斯驳斥。

为了证明布鲁斯是错的，这位叫陶特的德国人从死于纳加纳的动物身上抽出血液，把含有几百万锥体虫的五毫升血液注入自己体内。他还让几十只肚子和唾液腺里装满了纳加纳锥体虫的舌蝇尽情地咬自己。他挺着依旧健康的身体，挑衅地看向布鲁斯。

布鲁斯被吓倒了吗？你听他的话自己判断吧："站在科学的角度看，实验结果很可惜。如果我们不幸失去了这位勇敢却鲁莽的同行，那么摆在眼前的问题便有了答案。可是现在并不能据此得出结论，他所采用的接触方式，在人类身上的传染成功率只有千分之一。"

此次远征注定要无功而返了。布鲁斯 1914 年回国，心中不无遗憾：没有办法通过实验进一步研究，因为必须要给人体注射纳加纳锥体虫，不是给一个人，给一百个人也不够，需要整整一千个人自愿献身。

罗斯大战格拉西疟疾

1

1899 年，两位吵吵闹闹的微生物猎人证明了蚊子，而且只有一种特殊种类的蚊子，是疟疾掠杀谜团后的黑手。

两人合力破解了谜题。一个叫罗纳德·罗斯，是一位没什么名气的随军驻印度医疗官；另一个是巴蒂斯塔·格拉西，一位广受尊崇的意大利专家，蠕虫、白蚁、鳗鱼研究领域的权威。要是没有格拉西，罗斯的疟疾研究绝对不算完整，若少了罗斯提供的线索，格拉西也许徘徊数年也不得法门（这只是我的假设啊！）。可以说他们在疟疾研究上相辅相成。可没想到这两个人互相看不顺眼，掀起了不怎么体面的口水战。等胜利的光耀洒下时，他俩背对背坐着，瞪圆了眼睛，气鼓鼓的，像两个闹脾气的小男孩。

2

罗纳德·罗斯出生在印度喜马拉雅山山麓，未满十岁时被父亲送回英国，快二十的时候读了医学专业，因为厌烦拗口的拉丁名词和烦琐的行医礼仪，他转投作曲的怀抱，医学考试也没通过。后来罗斯发现自己难以望莫扎特项背，又瞄准了文学。数学、物理，医学……他东摸摸西看看，结果自己不满意，他人也不认可。年纪大了总要有个工作吧？最后他考进随军驻印度医疗服务处。过了一段时间，罗斯拿起显微镜观察印度疟疾病人的血液。疟疾微生物早在 1880 年便由法国军医莱佛兰发现了，不过罗斯还是想用自己的方式锁定疟疾菌。

他从几百个患了疟疾的印度人那里买下他们指尖的几滴血，放到显微镜下，结果什么也没看到。"莱佛兰肯定搞错了！根本没有所谓的疟疾菌！"罗斯大笔一挥，写下四篇文章，试图证明疟疾是肠道紊乱的结果。

3

1894 年，三十六岁的罗纳德·罗斯返回伦敦，心灰意冷地准备放弃医学研究。他如此写道："我的人生触目皆是失败。"

在伦敦，他遇见了帕特里克·曼森，一个小有名气的医生。曼森极其迷恋蚊子，相信它们是造物主手中特殊的存在，对人类的命运起着举足轻重的作用。他因此饱受耻笑，心中愤愤不平。罗斯、曼森，两个郁郁不得志的人一拍即合。曼森把罗斯带到自己的办公室，向他展示惨白的疟疾寄生虫：看，它们喷射出黑色的物质。他俩一起观察这些微生物在血液红细胞里变成小球，然后又蛮横地冲出来。曼森向满脸惊讶的罗斯解释："患了疟疾的人发冷时血液里会出现这种变化。"跑到外面的"小球"猛地弯成新月形状，接着长出两条、三条、四条，有时六条长长的鞭子腿，欻欻欻抽打着，伸展、蜷缩，猛一看像条微型章鱼。

"罗斯，它就是疟疾的寄生虫，没得疟疾的人身上绝没有这东西。我想不通的是，疟疾是怎么在人与人之间传播的？"

曼森知道罗斯不久便要返回印度。一天，两人并肩沿着牛津街散步，曼森突然说："你知道吗？罗斯，我有一个理论，是蚊子携带了疟疾。"

罗斯没有讥讽，也没有笑。

曼森一股脑倒出自己在心中想了无数次的理论："蚊子从得了疟疾的人身上吸血，血中的'月牙'进入蚊子胃里，长出'鞭子'；'鞭子'们把自己甩落，留在蚊子体内，变成像炭疽菌孢子那样的顽强形态；蚊子死后落入水中，人们喝了死蚊子的尸水……"

罗斯耐心又仔细地听着每一个字，蚊子传播疟疾！蚊子传播疟疾！蚊子传播疟疾……既然自己无人赏识，这倒是个机会，不如赌一把！印度医院里，三分之一躺在病床上的人都是因为疟疾。每年光在印度，不管是直接原因还是间接原因，上百万人因疟疾丧命。万一真的是因为蚊子，消灭疟疾还不是小菜一碟！而他——罗纳德·罗斯必会流芳百世……

1895 年 3 月 28 日，他挥别妻子和孩子们，带着曼森满满的祝福和一行李箱的建议，登上驶向印度的航船。按照调令，他来到偏远荒凉的军事据点，一边照料病人，一边按照曼森的指导着手研究蚊子。他抓来各种各样的蚊子，什么蚊子都要，他把这些害人精放进床帐，帐中躺着病人。那些人的血中满是疟疾微生物。蚊子大啖人血，吃饱喝足后，罗斯又把它们捉住，小心翼翼地放回瓶子，查验其腹部是否有疟疾微生物。完全没有！

罗斯完全理不出一点头绪。读一读他此时写给曼森的信，你会发现他对自己的贬低和失望。信中也事无巨细地描述了实验的每个细节。远在伦敦的曼森回复："先让蚊子去叮疟疾病人，再把它们放进盛水的瓶里，等产的卵变成了孑孓，把水喂给人喝。"

罗斯依言让仆人卢奇曼喝下疟疾蚊子水。看到那可怜的家伙体温升高，一旁的罗斯兴奋得手舞足蹈。不过最后证明是白高兴一场，卢奇曼没得疟疾。罗斯不停地尝试，不断地失败。在一封给曼森的信中，这位远隔重洋的同伴表露了自己的心声："我已迈入不惑之年，可是在疟疾上依然一无所获。"

4

1897年6月，罗纳德·罗斯回到印度锡康达腊巴德的甘姆比特医院，病房里闷热似蒸笼。裹挟雨水的季风早应到来，却不知为何迟迟未赴约。他唯一的显微镜的目镜已经出现了裂缝，镶嵌镜片的金属边缘被汗水打上了锈迹。傍晚，心情抑郁至极的罗斯挥笔写道：

> 什么刺痛孤独？
> 　何日分晓显现？
> 夕阳泣血冷酷，
> 　磐石如泥溃烂。

8月16日，他决心重回1895年，进行让蚊子吸疟疾病人的血的实验。罗斯最近发现了一种之前没见过的蚊子，他把它们和患疟疾的侯赛因·汗一起关进床帐里。对于蚊子，罗斯没有进行过科学系统的分类，只叫它棕蚊子。吸过侯赛因血的棕蚊子们每天被罗斯抓走一只，在显微镜下被开膛破肚。8月19日，帐子里只剩三只棕蚊子了。已然准备接受新一轮失败的罗斯切开蚊子的胃，胃壁上排列着漂亮规整的细胞，远看像是铺了石子的人行道。他机械地垂下眼帘，将目光专注于显微镜镜头送来的影像上，突然，某个奇怪的东西闯入他的视野。

它们是什么？它们的直径大概只有两千五百分之一英寸。第二天，倒数第二只蚊子的胃壁里也出现了这种圆形的东西。这种东西的边缘清楚明晰，比胃细胞的外膜显眼得多，每个圆里都聚集了"一丛小颗粒，黑得像炭！"一，二，三，四……一共有十二个。他打了个哈欠，天气热得让人提不起精神。罗斯回住处小憩了一会儿。

　　据他回忆说，他醒来后被一个念头猛地击中了："蚊子胃壁上裹着黑点的圆环肯定是还处于生长期的疟疾微生物。黑色的物质恰如侯赛因·汗血液里微生物所含的黑斑。如果在蚊子吸完血后，我再多等几天，圆环应该会长得更大；它们如果活着，肯定会生长！"

　　等待的焦虑似火，又似冰，8月21日，罗斯剖开最后一只蚊子……

　　太棒了！它们没有失约！小小的圆环，一，二，三，四，五……足有二十枚，内部堆满了黑点，它们确实长大了！肯定是疟疾微生物！他太激动了，他必须作诗一首！

> 我已发现你隐秘的行迹
> 　　哦，取走亿万生命的死寂。
> 我心明了，这小小的东西
> 　　能救人命何止百万计——
> 啊，死亡，你的致命一叮在哪里？
> 　　而你，坟墓，何处还有你的胜利？

　　罗纳德·罗斯冷静地撰写了一篇论文，发回英格兰的《英国医学期刊》编辑部。他坦陈自己还没有花费心血仔细研究棕蚊子。他也承认炭黑色的圆点也许根本不是疟疾微生物，而是蚊子消化道血液分泌的色素……

印度医疗服务处的高层领导并不赏识他的研究，罗斯被打发到北方做医护工作。那里基本见不到蚊子的影子，即使捉到几只，它们也已经冻得不会吸血了。另外，当地人（比尔人）极其迷信，罗斯嘴唇磨掉了一层皮，他们也坚决不让他刺手指取血。罗斯只好去钓钓鲑鱼，或者照看疥疮病人。徒留嗟叹。

5

没多久，在曼森的运作下，罗斯离开北方，前往加尔各答一个条件相当不错的实验室。那里有蚊子，有大量疟疾病人的血等着他取验，应该说，当时的加尔各答是个疟疾窝。罗斯刊登了一则招聘助手的广告，他从形形色色的候选人中挑了两个：一个叫马哈迈德·卜克斯，另一个叫蒲波纳。蒲波纳领了一次薪水后就跑得无影无踪，丢掉了名留史册的机会。

卜克斯紧紧循着蚊子的踪迹，在加尔各答的下水道、污水沟和臭水池附近抓灰蚊子、花斑蚊子、棕蚊子和绿翅斑蚊子。他们试了所有种类（当然只是根据罗斯的有限知识）的蚊子。你问卜克斯？他可真是个好帮手。蚊子好像特别钟爱他。罗斯让蚊子张嘴喝血，蚊子爱答不理；卜克斯一下令，它们都乖乖听话。难道蚊子也见人下菜吗？可能吧，我们只知道，卜克斯每个礼拜必须要灌大麻酒，大醉一场。你问观察结果？哎，毫无进展，罗斯简直要怀疑自己在甘姆比特医院看到的圆环是场幻觉。

一筹莫展之际，罗斯无意中发现鸟也会得疟疾，它们携带的疟疾致病微生物和人类的极其相似。于是卜克斯又出门去捕鸟。麻雀啊，云雀啊，乌鸦啦，它们都被装进笼子里。笼子被摆到一张张床上，放入蚊子，合上床帐。卜克斯睡在地上——得防着猫溜进来。

那是 1898 年，罗斯把十只灰蚊子放进关着三只云雀的笼子里。云雀的血里涌动着疟疾微生物，蚊子们饱餐一顿，吃了个肚儿圆。三天后，罗斯惊呼："鸟的疟疾微生物在灰蚊子的胃壁里生长着！"他赶紧给曼森写信：

　　　　吞下疟疾菌的蚊子中，四分之三的体内都有我的存在，我在那里按部就班地生长，三十个小时后，已经长到千分之七英寸大，八十五个小时后，成了百分之七英寸……而喝了含有疟疾微生物的乌鸦血液的蚊子体内，发现我的比例是二分之一……

　　原来，他被喜悦冲昏了头，把自己当成包着黑点的圆形微生物了。卜克斯捉来三只麻雀，其中一只十分健康，血液里完全没有疟疾微生物；第二只含有少量；第三只则病入膏肓，血液中堆满了黑点。罗斯把它们分别关进三个能隔绝蚊子的笼子里。卜克斯带了一大窝母蚊子——从水生子孑直接养大，完全未接触过疟疾。他把蚊子平均分成三小拨，放进三个笼子里。

　　结果不能更棒了！吸食了健康麻雀血液的蚊子，胃里完全没有那种圆圈。病情轻微的麻雀滋养的蚊子，胃壁里相应地有少量圆圈。罗斯深吸一口气，凑近显微镜镜头，第三拨蚊子的胃壁中活跃着满满的黑色圆圈！

　　之后，罗斯每天从三拨蚊子里各取一只解剖观察。每一天圆圈都长得更大了一些，看上去像一个个把胃壁顶得坑坑洼洼的瘤子。有趣的是，圆圈内部繁殖出大量的颗粒，"仿佛装在袋子里的子弹"。它们是幼年疟疾微生物吗？它们要去哪儿？健康的鸟儿体内吗？又是怎么进去呢？是通过蚊子的口器吗？

　　正待再接再厉的时候，罗斯又被上面一把掠走，丢到冰雪皑皑的大吉岭。六月初，他再次回到加尔各答的鸟儿们中间。实验室的温度高达三十八摄氏度以上，罗斯心中好奇，"那些从圆环长成大瘤子的疟疾微生物去哪儿了？"

它们跑到蚊子的唾液腺里了！

罗斯用显微镜观察一只母蚊子的胃壁，这只蚊子已经饱餐了七天患了疟疾的鸟的血液。胃壁上的那个大瘤子在他眼前迸裂了！纺锤形状的"线"从内部大举迸发，浩浩荡荡地霸占了母蚊子的整个身体。又过了一段时间，罗斯惊骇地瞪大双眼，它们竟然乌压压拥向唾液腺，软绵绵懒洋洋地集中在螯针针管里……

"蚊子通过叮咬传播了疟疾。"罗斯低语。那么，曼森的"蚊子尸体汤说"便落空了。对曼森的尊敬和感激削弱了罗斯的兴奋与喜悦。

1898年6月25日，罗斯让卜克斯又捉来三只健康状况极佳的麻雀，它们体内一个疟疾微生物都没有。喝过病鸟血的一大窝母蚊子早已准备好，和健康麻雀一起被密封关押。每个热得心烦的夜晚，罗斯认真观察着，焦躁不安，汗流如注……

7月9日，罗斯又给曼森写了一封信："三只原本健康无比的鸟儿，现在它们体内满是变幻虫。"（变幻虫即鸟类的疟疾寄生虫。）

接到罗斯的来信，曼森启程至爱丁堡，向医学大会的专家们说明，疟疾微生物在母灰蚊子体内，是如何完成一连串奇妙的逗留、生长、漫步；受自己保护和指引的罗纳德·罗斯，是怎样孤单、默默无闻、备受嘲笑，却依然顽强地追踪疟疾：从鸟儿血液，到母蚊子腹部、全身，及至充满危险的螯针。

在专家们无声的惊骇中，曼森朗读了罗斯发来的一封电报：带有疟疾微生物的蚊子叮咬了一只健康的鸟儿后，鸟儿就染上了疟疾！现场响起了赞美声，大家纷纷附和，是啊是啊，能传给鸟，估计传给人也是一样的。疟疾明天就能从地球上被永远消灭了——还有比杀死小小的蚊子更简单的事吗？大家交口称赞，气氛热烈。

不过曼森并不那么笃定："在鸟身上确凿的事实，在人身上未必如此。"他说得没错。罗斯似乎忘记了大自然永远不缺少惊喜或恼人的意外。

但荣耀属于罗纳德·罗斯，他在自身条件如此不利的情况下做出了了不起的成就。

6

巴蒂斯塔·格拉西在意大利帕维亚大学学医。一百年前，神采奕奕的斯帕兰札尼曾在这里口若悬河，收获全场雷鸣般的掌声。毕业后，格拉西迅速成为一名动物学研究者。他总是带着些许的轻蔑强调："我是动物学家，不是学医的！"他的成果一经发表，即刻被奉为经典。不过他有一个习惯，一个课题不研究数年绝不会对外公开。他使白蚁群体的分工合作不再是秘密。不仅如此，他还发现了微生物如何折磨、猎食白蚁。他是世界上最了解鳗鱼的人，你也许以为，若要追踪鳗鱼种种微妙的变化，必得和斯帕兰札尼的洞察力不相上下，但实际上，格拉西的视力糟糕透了。再说说性格，格拉西常与人发生口角，他还有点自相矛盾，他谦逊地拒绝将自己的照片刊登在报纸上，同时一发现点风吹草动，就大肆宣扬自己的功劳。

在罗纳德·罗斯对蚊子携带疟疾还一无所知的时候，格拉西便有过类似猜想，他兴冲冲地做实验，不过选错了蚊子种类，以失败收场。1898 年，罗纳德·罗斯吹响了胜利的号角，意大利的政客也对格拉西说："疟疾是意大利有史以来最严重的危机！它让我们最富饶的土地变得荒芜，它袭击了生活在繁华低地的数百万意大利人！你为什么不为国分忧？"

好吧，你肯定没想到，最终使格拉西下定决心再次挑战疟疾的，竟然是因为世界微生物猎人的首脑、科学之王（他的王冠上有个破损处，不过只有一点儿）——罗伯特·科赫。

当时科赫刚刚因为肺结核疗法（死了相当数量的人）和离婚风波，心情阴郁烦躁。他来到意大利，和格拉西碰了面。格拉西说："在意大利有些地方蚊子确实会传播疾病，但是这些地方都没有出现疟疾！"

"哦，这又怎么样？"

"当然是说明蚊子可能与疟疾无关了。"巴蒂斯塔·格拉西回答。

"所以呢？"不管什么逻辑，科赫都忍不住泼冷水。

"呃，重要的是，我没有发现哪个地方出现了疟疾却看不见蚊子。"格拉西并没有退缩。

"那又怎么样？"

格拉西提高了嗓门："仔细想想！要么疟疾是由一种特殊的吸血蚊子传播的，要么它完全不关蚊子的事！"

"嗯哼。"科赫如此回应。

既然英雄所见不同，索性分道扬镳。格拉西分析道："有蚊子不一定出现疟疾，有疟疾的地方都有蚊子！所以肯定是因为某种特殊的蚊子！我一定要把它揪出来！面对一千个可疑目标，逐一排查不可行，应该尽量先锁定几个重点嫌疑人……"1898年7月15日，格拉西结束了罗马大学的课程，他带上各式各样的试管和一个笔记本，前往一些低洼炎热的地方和沼泽无人区。除了其他动物，格拉西对蚊子也是了如指掌，这是罗斯不具备的优势。尽管视力堪忧，格拉西仍旧目光如炬，面对三十多种蚊子，他一眼即可辨别。他一个一个耐心地捕捉、观察，大概有接近二十种的蚊子的嫌疑被洗清。格拉西很快筛除了好多种灰蚊子和花斑蚊子，因为它们随处可见，是修道院、育婴堂和醉汉身边的"常住居民"，而"不论修女、婴儿还是酒鬼都并非疟疾高发人群！"

接下来，格拉西跑到疟疾严重的村镇，敲开了一户户饱受摧残的人家的大门："你们家有人得了疟疾吗？以前有人得过疟疾吗？你们家有几个人从没得过疟疾？哦，你家孩子得疟疾前的一礼拜内有没有被蚊子咬过？是什么蚊子？"

房主恨恨打断了他："没有！没有！都没有！我们是得了疟疾，但没被蚊子咬！"格拉西可不轻易罢休，他的鼻子凑近房主后院的坛子和桶，眼睛探进桌底和床脚。嘿！他竟然在床底的鞋子里发现了几只蚊子。

有疟疾的地方必有蚊子。巴蒂斯塔·格拉西还没真正开始实验，解答疟疾如何在人类中传染的路已经走了超过三分之二。他锁定了一种非常特殊的蚊子。"我们叫它赞扎罗尼蚊。"当地人告诉格拉西。

是的，凡是赞扎罗尼蚊"嗡嗡嗡"的地方，格拉西毫无例外地看到陷在凌乱床单里的深红色脸庞、咯咯打战的牙齿，看到无人打理的田地，看到送葬的人群和狭长的黑棺。赞扎罗尼蚊的外表特点鲜明，见过一次绝不可能错认：优雅骄傲的体态，轻薄的棕色翅翼上缀了四块深色斑点，端庄的坐姿中透着怪异——尾尖高高抬起。博物学家给它取了一个名字：克氏按蚊。

"我要以身试蚊！"格拉西大喊一声。谁知从盒子里放出的克氏按蚊没有搭理床上的格拉西，反而飞出去咬了他的母亲，她老人家"幸好没有得病"。格拉西返回罗马授课，1898年9月28日，在古老又闻名的林赛学院，他宣读了自己的论文："如果疟疾确实由蚊子传播，那么肯定是克氏按蚊。"不过他需要开展最终的验证实验，他承认还有两种蚊子有嫌疑，但是"凶手"肯定在三者之间。

格拉西邀请索拉先生进行实验。索拉先生从未患过疟疾，他身体强健，六年来一直定期约见私人医生，留有详细的健康记录；实验地点则在罗马一座高山上的医院顶楼，保证除了同样受到"邀请"的蚊子，绝对听不到其他的嗡嗡声。格拉西先将另外两种有嫌疑的蚊子每晚与索拉先生关在一起。无事发生。

好，决定迈出最后一步了。那天早上，惠风和畅，格拉西急匆匆离开罗马，跑到莫拉特，又马上折返。他紧握着几个小瓶子，十只精神抖擞的母克氏按蚊在瓶子里嗡嗡嗡唱着歌。当天晚上，索拉先生被咬得痛痒难当，十天后，这位坚毅、英勇的绅士止不住地打冷战，体温飙升，血液里是满满当当的疟疾微生物。

格拉西写道："毫无疑问，蚊子可以携带疟疾，传播到自然环境中从未有蚊子出现过的地方，那里之前没有疟疾的病例，实验的对象也没得过疟疾！"正在这时，他读到了罗纳德·罗斯关于鸟的实验报告。"什么粗制滥造的实验！"专家格拉西轻蔑地想，不久他也在母蚊子的胃和唾液腺里发现了"圆圈""大瘤子"和"纺锤线"——罗斯说得居然没错！

格拉西可没时间去表扬罗斯，他要粉碎罗伯特·科赫的观点：科赫认为，人感染疟疾，正如牛患得克萨斯牛瘟一样。也就是说，得是蚊子幼虫（孑孓）从母体中获得疟疾，长大了传给人类。而且科赫对赞扎罗尼蚊的说法嗤之以鼻。

　　格拉西精心饲养了赞扎罗尼蚊的孑孓，在它们飞出水面后将其关在一个房间里，每天晚上他和六七个朋友——这可是比真金还真的朋友——打开房门，以身饲蚊，连续整整四个月。黑暗中，他们卷起裤腿，挽上袖子。有几个朋友特别招蚊子喜爱，每回足足被咬了五六十个包。如此，科赫的理论不攻自破，这些孑孓的母亲来自意大利疫情最重的疟疾窝，但他们谁都没患上疟疾。所以，"传播疟疾的不是蚊子幼虫，而是带有疟疾微生物的母蚊子本身！"格拉西朗声宣布。

7

　　格拉西是个讲求实用的人，并且极其爱国，他迫切地想让自己的发现造福祖国。于是，你常常可以看到他质问、劝告行人："你们怎么这么傻，天都快黑了还在外面散步？不知道蚊子正等着你们吗？""夏天晚上别出去，除非你戴上厚棉布手套和面罩！"人们把他当成了一个荒诞的笑料。

　　格拉西决心用事实证明一切。1900 年夏天，他来到意大利疟疾最严重的地区——穿过卡帕西奥平原的铁路沿线。暑气日盛，克氏按蚊大举来犯，格拉西选择了一个停靠站，把铁路站长和工人居住的十所房子的门、窗都安上铁丝网——铁网空隙极细，即使最瘦最小的克氏按蚊也钻不进来。一百一十二名铁路工作人员和他们的家人成了实验对象，在格拉西的严厉要求下，在美丽又危险的黄昏时刻，所有人必须待在家里，还有，他们平日里要时刻小心，绝不能被蚊子叮咬。

　　那年蚊子泛滥，铁窗外，克氏按蚊发出疯狂的怒吼。相邻车站的房子（总计四百五十位不幸的人居住其中）没有安装防护网，克氏按蚊一窝蜂冲进去大啖人血。那四百五十个人，不论男女老幼，统统没能逃脱疟疾的捕猎。而被铁丝网挡在身后的人们，一整个夏天也只有五位患了疟疾。格拉西表示，他们的症状表现很轻，说不定只是复发了。

8

以上，是罗纳德·罗斯和巴蒂斯塔·格拉西对抗疟疾微生物的来龙去脉。疟疾——红血球的杀手、鲜活生命的收割者、湿热地区的苦难之首。

罗纳德·罗斯得偿所愿，受到世人追捧，收获了诺贝尔奖和 7880 英镑奖金。巴蒂斯塔·格拉西没有得到诺贝尔奖的青睐，仅在意大利被选为参议员。

两人本可以相安无事，谁想罗斯居然含沙射影地说，格拉西是个小偷，自吹自擂，在证明蚊子把疟疾传给人类这件事上，完全没做什么贡献！格拉西自是勃然变色，奋笔疾书。双方公开对擂，闹得不可开交，让整个科学界好好看了场大热闹。

瓦尔特·里德
为了科学的进步，为了人类的福祉！

1

黄热病的情况不一样，没有人争功。

制服黄热病是一场通力合作的战斗。开场的是个长了一把浓密络腮胡的怪老头，大家都喊他卡洛斯·芬莱医生。他提出了惊人的正确猜想，不过实验做得一团糟。

在他之前，关于怎么防范人们闻之色变的恶病之王——黄热病，似乎人人都有一套自己的理论。有的说，要把一切病人接触过的衣物、用具都熏一熏；有的说不够，得一把火烧为灰烬。谁家有黄热病病人，最好不要和他握手。病人住过的房子得烧掉；不用不用，拿硫黄的烟熏熏就可以了……然而不论在北美洲、中美洲还是南美洲，有一条流传了两百年的共识：当城里有几十、进而几百人脸色发黄、打嗝、吐出黑色呕吐物时，跑！赶快跑！只有这样才能保命。那黄色的杀人魔穿墙越壁，神出鬼没，杀人如麻，所向披靡。

直到 1900 年，关于黄热病的"科学"知识一共就这么多。突然，卡洛斯·芬莱医生说出石破天惊的一句话："你们都错了，黄热病是蚊子引起的！"

2

1900 年，古巴首都哈瓦那的圣克里斯托瓦尔，生灵涂炭。

死于黄热病的美国士兵，比倒在西班牙人子弹下的还要多。这病有一个特点，被它突袭的往往是生活在脏乱环境中的穷人。伦纳德·伍德将军麾下的精锐有一半命丧此病。可是他们的营地是军中最干净、防护最精心的。将军大发雷霆，全军上下"没有哪块石头没被擦洗过"，可是徒劳无功，哈瓦那现在的黄热病病人的数量，比过去二十年的加起来都多！

电报发往华盛顿。1900 年 6 月 25 日，瓦尔特·里德少校来到古巴的克马多斯，奉命"着重调查与黄热病起因与预防相关的问题"。考虑到里德本身的情况，命令尤为艰巨，巴斯德倒或可以一试。从微生物猎人的基本条件看，里德似乎很不占优势。他当兵没的说，兢兢业业服役十四年，自律、坚毅、彬彬有礼。你也许会问，这些品质和微生物捕猎有什么关系呢？不过读到后面你应该会发现，捕猎黄热病需要极其强韧的神经，这是里德所具备的。另外，从 1891 年开始，他也零零碎碎地涉猎了一些微生物捕猎的工作。

站在克马多斯黄热病医院，瓦尔特·里德目送着一个又一个美国士兵被抬走，他们仰面朝天、双脚平摊。调查组还有三位成员：詹姆斯·卡罗尔医生，他的脾气可称不上温和；杰西·拉泽尔，他是曾在欧洲受训学习过的微生物猎人，时年三十四岁；最后是阿里斯提德斯·阿格拉蒙特（他是古巴人），他负责解剖尸体，能力很强，得过黄热病，所以没有感染风险。

调查组选择从探查十八位黄热病病人入手。其中有几个人病得很重，还有四个人死了。调查组将十八个人里里外外查了个遍，比如抽血、取样培育、解剖死者等等，但一无所获。里德束手无策，只好先停了下来，在这个空当，他们听到卡洛斯·芬莱医生振臂高呼："黄热病是蚊子引起的！"

调查组前去拜访芬莱医生，后者十分兴奋地解释了听上去有些可笑的蚊子理论。至于为什么他认为蚊子有罪，芬莱给出了具有独创性但又含糊的理由。他展示了自己那些拙劣实验的记录，说实话，连个门外汉都说服不了。最后他奉上一些黑色的雪茄形状的东西，说："这就是那些罪犯的卵！"拉泽尔接过来。——他去过意大利，对蚊子多少知道一些。这种卵能在温暖的环境中孵出孑孓，它们一上一下地游动着，不久跃出水面，化身轻盈美丽的蚊子。它们的背上长着银色条纹，它们看上去就像一把漂亮的琴弦。奄奄一息的士兵们双目充胀着血丝，一边打嗝一边呕吐。在病人身上，里德没有发现可疑的杆菌，不过我们得承认他敏锐善察、运气颇佳：焦头烂额的里德注意到，照顾病人的护士们虽然身处高危传染环境，却没有一人得黄热病！"假如黄热病像霍乱或鼠疫那样，是由杆菌引起的，那么肯定会有护士被传染！"瓦尔特·里德对调查组的其他成员说。

另外，黄热病的怪异表现也引起了里德的注意：先是瑞尔街 102 号有个人得了黄热病，然后疾病又拐了个弯"光临"了李将军街 20 号，接着纵身一跃，横插到对面去了。可是几户人家之间没有丝毫关联，甚至未曾谋面！

黄热病的怪异之处还有一些。美国人卡特发现，假设一幢房子中有一个人得了黄热病，而其他人安然无恙，后来患者可能痊愈了，也可能一命呜呼。这暂且不论，再过两个礼拜，嘣，那座屋檐下会爆出一连串的病例。"两个礼拜看上去好像是给某种虫子生长的时间。"里德听说后对调查组的成员们说。

因为实在没有其他线索，调查组只好先验证芬莱的蚊子假说。真要做起来才发现很不容易。首先，寻找实验目标就是件相当棘手的事。世人皆知动物是不会得黄热病的，即使猴子和猩猩也不例外。可任何有关证实蚊子传播黄热病的实验都少不了活体动物，这意味着肯定要有人以身涉险。从当时的记录看，该病死亡率高的时候达到了百分之八十五，低的也有百分之五十，但无论如何从未低于百分之二十。换言之，若之后证实了蚊子确实传播黄热病，那么先前的实验很可能是谋杀！

怎么办？一日又一日，面对满眼衰弱苦痛的士兵，里德终于对组员们说："如果调查组成员自愿被与黄热病有关的蚊子叮咬，便是为美国士兵树立了榜样，而且——"他先看着拉泽尔，接着又转向詹姆斯·卡罗尔。

"我已做好献身的准备。"家中有一妻两子的杰西·拉泽尔说。

"请您也算上我，长官。"詹姆斯·卡罗尔说，他的所有财产是自己作为研究者的大脑，以及少得可怜的助理军医薪水（他的负担是一个妻子与五个孩子）。

3

瓦尔特·里德向卡罗尔、拉泽尔和阿格拉蒙特详细下达了指令。指令是秘密的，没有得到军队最高部门的批准。里德离开古巴返回华盛顿，留下剩余三人自行实施。

拉泽尔走到黄热病病房里，让背带银条的母蚊子叮咬痛楚难安、面如枯叶的病人，再小心地把装了一肚子血的家伙送回为它们准备的玻璃房，那里面有一茶碟水和几小粒糖。母蚊子将病血消化完毕，嗡嗡叫了几声。

瓦尔特·里德曾对拉泽尔和卡罗尔说过："别忘了，要等两三个礼拜，疟疾才会让蚊子变得危险，也许黄热病也一样。"然而拉泽尔没有那份耐心，他另外搜集了七位志愿者。实验是在极端隐秘下进行的，七个人——据我所知他们是被哄骗来的——加上自告奋勇的拉泽尔，用自己的血请蚊子饱餐一顿，而给这些蚊子提供上一顿食物的人已经离世了。

所有实验对象毫发无伤，拉泽尔大失所望。

詹姆斯·卡罗尔提醒拉泽尔："里德少校说过让我们给蚊子一点时间。再多试些蚊子！我准备好了！用我试吧！"8月27日，他让拉泽尔选出最毒的那只蚊子，让它在自己的手臂上停留，它叮过的多位黄热病病人，个个都是重症。

盯着蚊子螯针的卡罗尔在想什么，亮晶晶的血气球似的肚子落到他眼里勾起了何种思绪，我们不得而知。当天夜里，他给里德写信："如果蚊子理论确有其事，那我应该会得一场厉害的黄热病。"

确实如此。两天后，他深感疲惫，无力工作，又挺了两天，病症渐深。卡罗尔独自一人勉强地来到实验室，取了自己的血样用显微镜观察，排除了疟疾的可能。到了晚上，卡罗尔双目充血，脸庞现出泛着铁青的潮红。第二天早上，拉泽尔把卡罗尔送到黄热病病房，可怜可敬的卡罗尔躺在病床上，与死神殊死搏斗了数日。

后来，他总称那是自己人生中最值得骄傲的一段时光："我是实验中第一例被蚊子传染得了黄热病的人！"在詹姆斯·卡罗尔刚刚出现头痛症状时，他们又找来一个名叫威廉·迪恩的美军士兵，除了咬过卡罗尔的那只蚊子，还有其他三只银条背纹的俏丽蚊子——它们仨咬过六个人，四个得了重症黄热病，两个死了——好好把迪恩的血喝了个够。

9月13日，拉泽尔正忙着手头的事，一只不知从哪来的蚊子轻轻落到他的手背上。他想："哦，肯定没事！总不会这么倒霉，正好是带病的蚊子吧！"他一时大意，任它喝血。啊，可我告诉你，我的读者，它恰好是从垂死病人的病房中跑出来的。

"9月18日……拉泽尔医生抱怨说有点不舒服，晚上8点开始打冷战。"医院的病历上如此记录道。

言简意赅的病历还有下文："9月19日，中午12时，体温102.4℉，脉搏每分钟112次。两眼充血，面部通红……下午6时，体温103.8℉，脉搏每分钟106次。第三日出现黄疸。该病人的后续症状是典型的恶性黄热病逐渐加重。深感遗憾，我们的同事，死于1900年9月25日晚。"[①]

4

里德回到古巴，为拉泽尔痛惜不已，不过两个蚊子成功传播黄热病的病例到底"不能说没有意义"。里德提出也要以身饲蚊。他已经五十岁了，大家纷纷劝告他不要冒险。"但我们一定要证明！"里德找到伦纳德·伍德将军，将振奋人心的发现和盘托出。将军允许里德放手去查，给他拨了款（包括付给参与实验人的奖金），还建了一块七顶帐篷和两间小屋组成的营地，里德将其命名为拉泽尔营。

实验的每一步都极尽谨慎稳妥。首先，每一个接受蚊子叮咬的人都要先在营地单独待上几个礼拜，以隔绝接触到黄热病的所有可能。瓦尔特·里德向驻扎古巴的美军士兵声明，现在打响了一场没有硝烟的战争，一场人类生命的争夺战，谁愿意挺身而出？告示上的墨迹还没干，来自俄亥俄州的列兵辛吉跨进了里德的办公室。和他一起的还有约翰·J. 莫兰，莫兰先生甚至都没入伍，他只是菲茨休·李将军部下的一名平民办事员。他们齐声说："请您拿我们来做实验，少校！"

里德问："你们知道要面对什么困难吗？"他详细地说明了患者会头痛难忍、止不住打嗝、不断呕吐，甚至讲了在几个黄热病肆虐的地方，甚至连一个活下来报告消息或者往外传送噩

---

① 102.4℉≈39.1℃，103.8℉≈39.9℃。——译者注

耗的人都没有……

"我们都知道，"列兵辛吉和约翰·J. 莫兰说，"我们自愿为了人类与科学而献身。"

里德又告知他们伍德将军的慷慨，参与实验的每个人都会拿到一笔不菲的酬金——两百美元，也许是三百美元——如果银背纹蚊子夺走了他们亲手接过奖金的机会。

列兵辛吉和约翰·J. 莫兰回答："少校，我们自愿参加，只有一个条件，不拿任何报酬。"

少校里德向他们敬了一个礼："先生们，我向你们致敬。"当天，辛吉和约翰·J. 莫兰便开始了准备期隔离。12 月 5 日，五只蚊子在辛吉和莫兰身上美美地吸饱了血，它们近两个礼拜内都吸过黄热病重症患者的血。当当当！五天后，辛吉头痛欲裂，又过了两天身体发黄，他被确诊为典型的黄热病。感谢上苍，辛吉后来好转了。接着又有五个刚来古巴的西班牙人也接受了实验，他们还没见识过黄热病的威力，况且，两百美元对初来乍到的人能派上大用场。五个人身上被咬了数不清的包，仿佛被机关枪扫射了一轮。最终，四人成功患上黄热病。

里德在给妻子的信中写道："亲爱的，请分享我的喜悦，除了白喉抗毒素和科赫发现的结核杆菌，这将会被认为是十九世纪最重要的科学成果……"

里德并不止步于此，而是继续追问："黄热病是否有其他的传播方式？"纵观微生物捕猎史，最一流的猎人总是各有独到之处，里德的便是一条道走到底。他找来木匠，在拉泽尔营地又建起两座丑陋的房子。1 号房环境恶劣，宽十四英尺，长二十英尺，出口安了两道门，以防蚊子进来；门两侧各装了一扇朝南的窗户，保证室内不会有对流风。走进门，一个炉子烧得正旺，以保证室内温度保持在二十六摄氏度以上，屋里还有几只盛水的大盆，湿度高得仿佛置身热带航船上一样。

1900 年 11 月 30 日，士兵们搬来几只密封箱子，里面都是来自医院黄热病病房的物件，它们将厄运送入了 1 号房间。当晚，三位勇士——年轻的美国医生库克和两位美国士兵福克、杰尼根迈入房门。空气已潮湿黏稠得让人喘不上气，他们打开箱子，"哕——"，一股强烈的恶臭闯进鼻腔，引来一串咒骂。继续开盖，库克、福克、杰尼根拿出一个个污渍斑斑的枕头，上面满是死于黄热病的病人的黑色呕吐物；还有床单和毯子，装着不能自理的病人的排泄物。他们使劲拍打枕头、抖动床单，因为里德嘱咐过："必须让黄热病的毒素在屋内充分扩散。"三位勇士脱下衣服，躺在肮脏的枕头上、毯子上、床单上……

二十个日夜过去了，三位勇士非但没有一丁点黄热病的症状，因为不怎么活动还长胖了。里德依然不满足，又有三位美军士兵进入房间，度过了二十个日夜。这次除了难以言说的寝具，实验更进一步：他们穿上了死于黄热病的病人的病号服。还是没得病？好，再更进一步，他们的枕巾浸透了黄热病死亡患者的血。

他们全部安然无恙！可是里德谨慎严苛得令人厌恶，或许他心中有一个恶魔提出了这样的疑问："你的实验真的绝对没有漏洞吗？也许进入 1 号房的士兵都先天地对黄热病抵抗力很强呢？"于是里德和卡罗尔又将黄热病病人的毒血皮下注射给了杰尼根，让银背纹毒蚊狠狠咬了福克。两位勇士坍然倒下，疼痛难忍，脸部潮红，双目充血。幸运的是，他们爬出了死亡阴霾的笼罩。"感谢上苍。"里德失神地念叨着。

华伦·格拉斯登·杰尼根和李维·E. 福克各获得了三百美元的奖励。

5

还记得约翰·J. 莫兰吗，就是那个为了人类与科学自愿无偿献身实验的人？莫兰被蚊子咬过，后来里德又专门选出几只特别毒的蚊子叮了他，可他始终健康如常。莫兰觉得很失落，似乎自己满腔热血没派上用场。行吧，里德将 1 号房旁边的建筑命名为 2 号房，布置得很舒适，前后相对的墙面上各安了一扇门，清朗的风徐徐对流。干爽适宜的屋里，架了一张干净轻便的折叠床，寝具用蒸汽消了毒。这儿简直是肺结核病人疗养的最佳场所！房子正中间拉了一层网眼极细的隔帐，从房顶一直连到地面，不给一只蚊子从中穿行的可能。

1900 年 12 月 21 日，正午 12 点，莫兰"沐浴完毕，身着一件长款睡衣"，走进干净卫生的 2 号房。五分钟前，里德和卡罗尔在房间的这半边打开了一个玻璃罐，里面飞出十五只饥渴的母蚊子，每一只都曾吸食过医院里脸色蜡黄的美国兵的血，它们迫不及待地寻找一片血肉之躯。

只套了一件轻薄长睡衣的莫兰躺倒在折叠床上，没过两分钟已挨了一口，三十分钟后身上鼓了七个包；当天下午 4 点半，他又进来被咬了一回。第二天，为了满足前一天没吸上血的蚊子们，他再次回到 2 号房。在房间的另一半，被隔帐隔开莫兰和蚊子的那边，躺着两个男孩，他们安稳地睡了十八个夜晚。

同一屋檐下的莫兰呢？ 1900 年圣诞节清晨，他期盼已久的"礼物"出现了：他的脑袋里砰砰作响，他的眼眶血红、畏光，他的骨头酸软无力。莫兰命悬一线，幸而最终被里德救回，并实现了自己的愿望——为科学的进步与人类的福祉做出贡献！他与杰尼根、库克，以及其他所有人一起，证明了一个被污染的肮脏环境是安全的，一个飞着蚊子的干净房间却很危险，如此的危险！终于，瓦尔特·里德对恶魔提出的每一个疑问都上交了完满的回答。他写道："一幢建筑物中黄热病的传染，最根本因素是有叮咬过黄热病病人的蚊子存在。"

6

世界的目光聚焦哈瓦那，瓦尔特·里德被赞颂包围。威廉·克劳福德·戈格斯（他也是一个完美得挑不出错的人）深入哈瓦那的沟槽、水坑、水池，与黄热病蚊子展开了一场场恶战。九十天后，人类两百年来第一次消灭了哈瓦那的黄热病！简直是奇迹！一些怀疑论者绞尽脑汁提出了各种刁钻的问题，然而里德先前的严谨使他的实验和理论得以挺立到底。不过他和詹姆斯·卡罗尔向对方提出了一个同样的问题："我们已经证明了黄热病在人与人之间的传播方式，不过到底是什么导致了黄热病呢？"这是一个纯粹学术化的问题，况且，它的答案值得以继续消耗人命做代价吗？里德和卡罗尔的回答是：值得！他们是军人，执行命令是天职，何况军人为了完成任务而牺牲生命本就习以为常，更不用说发现未知所带来的荣誉引诱着他们。

仔细探查过病人的肝脏和蚊子体内后，里德与卡罗尔确定，躲在背后操纵黄热病的微生物，不是肉眼不可见的杆菌，因为甚至倍数最高的显微镜也无法看到它。也许有一种从未被猎捕到的微生物，它们比已知最小的微生物还要小，逃过了猎人的显微镜镜头，只有用看不见的神秘毒素取人性命于无形时，才会显露出蛛丝马迹。

卡罗尔得到了一些死于恶性黄热病的病人的血，过滤掉所有能看到的微生物，把过滤后的血液注射进三个没有免疫力的人体内（史料上没有提他是如何说动他们的），结果，有两个人得了黄热病！如此可以确定黄热病的致病微生物小到连显微镜也看不见。

可是里德承受不住实验剥夺更多人命的压力了。黄热病已被消灭，为了探究不再有实际意义的看都看不见的微生物，硬要再额外制造死亡，实在煎熬良心。但卡罗尔一意孤行，竟然弄到了叮过黄热病病人的毒蚊继续实验。现从他的笔记中摘选一段："根据我自己得病的情况分析，被一只小小的蚊子轻轻叮上一口，结果是数日殊死挣扎。因此病情严重与否和被叮咬的次数无关。对了，1901 年 10 月 9 日，在哈瓦那，我让八只毒蚊子尽情去咬一个没有免疫力的人，它们都是在十八天之前被病人污染过的。但那人的黄热病症状都很温和。"

7

我站在这里，面对卡罗尔这位年迈秃顶、戴着眼镜、曾经的伐木工人，回望他固执的孤勇，不得不颔首致敬，虽然他对危险谜团的探索过于盲目而狂热。在黄热病最危重的时候，他的心脏是否曾短暂地停跳过呢？我们不得而知。1907 年，也就是六年后，卡罗尔的心脏真的永远停止了跳动。

1902 年，瓦尔特·里德仍处于壮年，可是他累了，太累了，深深的疲惫让他身心疲弱，一次阑尾炎夺走了他的生命。里德呼出最后一口气时，还能听到四面八方为他响起的掌声，他死于世界的注目礼中。

保罗·埃利希
魔法子弹

1

这本微生物捕猎史已演至终章，主人公保罗·埃利希是最后一位出场的猎人。他生性快活，曾经说："我一定要找到办法，用'魔法子弹'射杀微生物！"此番带着中世纪味道的狂言在现代社会引起阵阵哄笑，他的敌人们还给他画了卡通丑化肖像，名为《妄想博士》。不过他没有食言，真的造出了比炼金术士手中的丹药更神奇的救命灵药。

保罗·埃利希出生于 1854 年 3 月，德国西里西亚。他在医学院读书，或者说，接连换了三四个医学院读书。在授课的专家老师们眼里，埃利希是个讨厌的坏学生：他拒绝背诵一万多个长长的医学名词，喜欢自己做奇怪的实验。

保罗·埃利希比罗伯特·科赫小十岁。早在科赫之前，埃利希就曾在一片染了色的肝脏样本上见过结核杆菌。只不过那时的他对微生物学实在是算得上无知，他把染色的"小棒"当成了某种晶体。1882 年 3 月，听着台上科赫剖析结核病的秘密，台下的埃利希仿佛看见了一道刺破迷雾的光："他点亮了我的科研生涯。"埃利希追随在科赫身边，乐此不疲地研究结核病菌，谁料不幸染上结核，他只好前往埃及治病。

2

埃利希此时三十四岁，如果他就这样死在埃及，想必早已被时间掩埋，偶尔有人提起，也不外乎是茶余饭后对他那不知天高地厚的"魔法子弹"取笑一番。幸而结核最终放过了他。埃利希体内涌动着无穷的精力，可以同时展开治病救人和捕猎微生物的工作。他也确实在柏林一家知名的诊所做过首席医生，可是面对无能为力、无法医治的疾病，一名合格的医生应该抱持同情之姿，而非埃利希的绝望担忧之态。更不合时宜的是，盯着病人的躯体，他的眼睛好像幻化成一副高倍数显微镜，能穿透皮肤。一个个跃动的人体细胞，在他的眼中是一串串复杂的化学式。生命只不过是一些苯环和侧链反应而已，和颜料本质上也没什么不同嘛。若他以一名医生的身份终老，注定籍籍无名。

埃利希取出一点他最爱的亚甲蓝颜料，从一只兔子的耳朵的静脉注射进去。颜色与血液一起流遍兔子全身，只给神经末梢染上了蓝色，其他部分则完全没有变化！"也许亚甲蓝能遏制神经带来的疼痛呢！"基本科学常识被他抛在脑后，他直接把亚甲蓝注射给痛楚哀号的病人，他们的痛苦有否减轻我实在不知，但病人们肯定被吓得不轻。

止疼剂的想法破灭了，埃利希的思考却没停下："已知有一种颜料可以在动物体内选择性染色，那么也肯定存在一种颜料，不会伤害人类的身体组织，而是精准锁定并击杀危害组织的微生物。"此时的他没有想到，自己的这一设想等了十五年才有证实的机会……

1890 年，埃利希从埃及重返柏林的科赫研究所。一天，科赫问他："诶，我亲爱的埃利希，你的实验进展得怎么样？"

保罗·埃利希马上滔滔不绝地介绍使老鼠对蓖麻子和相思

豆毒素免疫的研究："您看，我每次都精准地把握用量，正好卡在四十八小时杀死一只体重十克的老鼠……我发现了毒素通过凝结动脉血细胞要了老鼠的命……"

一大堆数字和实验设计呼啦啦兜头罩住了科赫，"等等等等，我亲爱的埃利希，我跟不上你的思路了，请讲解得更清楚一些。"

"当然当然，请您稍等！"埃利希抓起一根粉笔，跪在地上，潦草地把自己的设想勾画成巨大又复杂的图表，"现在您再看看，清楚了吗？"

如你所见，他的思维十分跳跃，他的想法鲜少有人理解，如果把他的大脑具象成一块池塘，那么里面无时无刻不在冒出的奇怪念头，宛如满塘竞相跃出水面的鱼儿，令人目不暇接：我们为什么能免疫？怎样测试免疫力？怎么把颜料变成一颗"魔法子弹"？……

同样，他做实验也力求最精准。他第一个公开反对某些微生物猎人无头苍蝇一般的尝试。他的精准作风虽没能回答免疫力、生死之谜的疑问，却帮助他造出了"魔法子弹"。

3

因为性情开朗，为人谦虚，而且富有幽默自嘲的精神，埃利希的朋友很多，还有一些朋友位高权重。1896 年，在友人的帮助下，他拥有了自己的实验室，名为普鲁士皇家血清检测机构。埃利希坚信毒素、疫苗和抗毒素之间存在着数学规律，他设计并实施了一次次实验，想象出一个又一个越来越奇怪的规律去解释这个设想。最终，他的免疫"侧链理论"沦为一个疯狂的谜团，既不能用于阐释，也无法进行有效预测。直至弥留，保罗·埃利希依然没有放弃"侧链"之说，虽然多年来他被世界各地掷来的批评打得灰头土脸，在医学大会的辩论中输得一败涂地。

1899 年，埃利希已经四十五岁了，如果他死在此时，无疑会被后世归为彻头彻尾的失败者。假使我们不知后面的精彩展开，绝对不会关注到他此刻古怪又平凡的人生。那让我们进入 1901 年吧。这一年，埃利希开始了为期八年的"魔法子弹"研究。转折源于他读到了阿方斯·莱佛兰的实验报告。如果你记性不错的话，也许还有一点儿印象，前面提过，正是他首次发现了疟疾微生物。最近莱佛兰转向了研究马锥虫病，那些划着"鳍"的恶魔锥体虫在马的后臀"为非作歹"，莱佛兰将它们注射进老鼠体内，可怜的老鼠们无一例外死于非命。不过，莱佛兰也仅仅止步在证明了锥体虫百发百中的死亡率。

埃利希一跃而起："在老鼠体内生长迅速，宿主死亡率百分之百，真是一种绝妙的微生物啊！用它来寻找'魔法子弹'再合适不过了！"

4

1902 年，埃利希正式准备捕猎马锥虫病的锥体虫。他先弄来大批身体状态极佳的实验老鼠，又找了一位热心勤勉的日本医生做解剖助手。一只横死的豚鼠带着锥体虫，从巴黎巴斯德研究所出发，来到埃利希面前。捕猎开始！

两人尝试了近五百种颜料！正如第一个发明船的人需要尽试天下木材来制造结实的桨橹，也如远古时代铸造师遍选世上金属锻打宝剑。结果呢？这只老鼠变蓝了，那只变黄了，还有的变紫了……可不管用什么颜料，锥体虫都大杀四方，欢快地在老鼠血管里奔跑，毫不留情地收割所有的生命。

埃利希紧锁双眉，二十年的困惑与失败让他额头平滑的肌肤变成了"波澜起伏"的铁皮屋顶。他对助手说："颜料在老鼠体内散播得还不够！如果我们稍做改变，比如加上磺基，颜料在血液中也许会溶解得更彻底！"

在化学方面，埃利希是一个理论的百科全书，真要摆弄起试管仪器来他可不太行。多亏了好人缘，他从附近染料厂弄到了苯红紫颜料，在新助手的帮助下，他在颜料中加入了适当的磺基。

两只小白鼠被注入了相同的马锥虫病的锥体虫。两天过去了，它俩的眼睛糊上了预示厄亡的黏液，身上的绒毛被死神的寒霜冻得根根倒竖。再多给一天，两只老鼠铁定已经手牵手离开了这个世界。等等，让其中一只注射那红艳艳的颜料吧。埃利希把拔出的针头甩在一边，双目圆睁，来回踱步，念念有词，手足无措……过了几分钟，老鼠的耳朵变红了，微微合上的白色眼皮呈现出粉色。幸运之神终于光临了埃利希，那些锥体虫在老鼠的血液内仿佛四月融雪一般消散了。它睁开眼睛，鼻子轻轻拱了拱身旁再无反应的同伴。

"我找到了治好老鼠的颜料，我肯定也能找到拯救百万人命的颜料！"埃利希信心满满。可是他将名为"锥虫红"的颜料给老鼠皮下注射后，有的病情好转了，有的加速恶化了。最离奇的是，一只老鼠原本痊愈了，在笼子里活蹦乱跳，谁知又过了六十天，它又突然病倒。咔嚓，它被剪下的尾尖渗出一滴鲜血，里面挤满了生龙活虎的锥体虫。

一次小试牛刀的成功之后，一千次的失望接踵而来。而且，戴维·布鲁斯的锥体虫和人类昏睡病的锥体虫完全不把"锥虫红"放在眼里。此外，在小白鼠身上显出奇效的"锥虫红"，对同样患有马锥虫病的豚鼠和狗毫无作用。实验不停，死亡不止，埃利希稳住信念丝毫不动摇。

5

保罗·埃利希坐在办公室翻看化学期刊，突然他的目光被上面提到的一种邪药攫住了：它名叫"阿托西"，意思是"无毒"。真的无毒吗？阿托西基本能够治好老鼠的昏睡病，但未患昏睡病的老鼠也有不少命丧其手；困倦的非洲黑人曾使用过，可是他们的死期不但没有延缓，双眼还完全失明了。埃利希盯着"恶魔"阿托西的化学式，它是苯环基，六枚碳原子衔头结尾连成一个环，还有四枚氢原子，以及一些氮原子、砷的氧化物。

埃利希决定和他的团队通力研究阿托西，尽量驯服它的某些特性。两年的时间，他们一共尝试了六百多种不同的砷化物，朝着一个看似不可能完成的任务一步步推进：把死神手中乖乖听令的武器砷变成良药，治好也许埃利希本人都没想到真能治愈的马锥虫病。

他们成功了！改造后的砷化物救活了老鼠。可是马锥虫病的锥体虫刚刚消失，老鼠的血肉仿佛也化为了一摊水，恹恹离世；有的干脆得了致命的黄疸……更诡异的是，说出来谁信呢？有些接受了砷药物疗法的老鼠跳起了舞，时间不是一两分钟，而是余生都在旋转跳跃。

有时实验需要大剂量注射砷化物，埃利希担心全部一次注射老鼠承受不了，他把药物改成了小剂量，分几次注射。结果，真是讨厌，后来锥体虫竟然对砷免疫，它们洋洋得意地钩钩手指，留下一片片老鼠尸体。

让我来总结一下吧，这一阶段找到的五百九十一种砷化物，只能证明埃利希的猜想如海上泡沫，美好却虚幻。

6

保罗·埃利希已年过五十，多年不懈的求索即将燃尽生命最后的烛火。终于，他遇见了著名的606（砷凡纳明）。它是世界上最微妙的化合物，制造过程中常常存在乙醚气体，极易燃烧爆炸，储存也相当困难，最细微的一缕空气都会将它温和的性质转化为恶性毒素。不过它对马锥虫病的锥体虫有奇效。只要一小勺，就能把马锥虫病的锥体虫从老鼠血液里清理干净，而且绝对安全；虽然含有大量的砷，接受注射的老鼠却不会眼盲，也不会被夺走生命，更不会跳舞。

1906 年，保罗·埃利希读到了德国动物学家肖丁的发现，他介绍说有一种身体细长、颜色惨白的螺旋状微生物，样子像一个没有把手的螺丝锥。肖丁为其取名"苍白密螺旋体"，并且证明它是梅毒的病原体。最重要的是，肖丁写道："这种苍白密螺旋体是动物王国的一员，不是细菌。实际上，它与锥体虫关系密切，螺旋体有时可能会变为锥体虫……"

其实这只不过是一种富于想象的猜测，却瞬间点燃了埃利希的激情："如果苍白密螺旋体与马锥虫病的锥体虫之间有亲缘关系，那么 606 也应该能杀死苍白密螺旋体！"他们拿鸡做实验。血液里蜂拥着苍白密螺旋体的鸡接受了 606 注射，第二天，母鸡咕咕叫得欢，公鸡啪啪走得稳。它们奇迹般痊愈了！

1909 年 8 月 31 日，实验对象升级为一只公兔。苍白密螺旋体已狠狠摧毁了它的身体，黄色的澄澈 606 溶液从它耳朵的静脉缓缓被注入。第二天，螺旋物消失了，创口愈合，不到一个月，除了一点轻微的疤痕，你根本想象不出它曾受过怎样的折磨。灵丹妙药也不过如此！

看来，保罗·埃利希已经成功制造了他的"魔法子弹"。可他始终存有一丝疑虑，砷是死神最青睐的毒药，"它安全吗？"

"可是我们已经完美地改造了它呀！"另一个保罗·埃利希反驳道。

"它对老鼠和兔子无害，但保证不会杀人吗？"

"从实验室到临床应用这一步虽险，却必须要迈出去！"空气中，回荡着他铿锵的声音。

康拉德·阿尔特医生收到埃利希的来信："你愿意冒险把606用在人体上吗？"阿尔特回复他的朋友："自然从命！"

1910年，世界属于保罗·埃利希。捷报频频传来，下午两点一针606溶液扎下去，到了晚饭，连续几个月只靠针管进点流食的病人已经能吃三明治了！从没有如此大快人心、干净利落的精准击杀。全世界的求救信如雪片般飞来，1910年，共有65000份606注射针剂被使用。埃利希将这些记录用细密纤小的字体写在一张大纸上，钉在办公室门后。大片大片完美疗愈的记录中，零星夹杂了几条令人烦躁的反馈，诸如呕吐、双腿失去知觉、痉挛等，甚至还有死亡。

处理、解释这些不幸耗尽了埃利希仅剩的一丝心力，他前额的皱纹隆成了沟壑，灰色眼睛下的青黑愈加浓重……是的，"魔法子弹"确实给人造成了损害，但也救下了千千万万的人。一流的微生物猎人总免不了做赌徒，而代价么，甚至你走出赌场时也仍未尽知。

恰如明天太阳会照常升起，肯定会有其他微生物猎人找到更安全、更可靠的"魔法子弹"。现在，让我们记住保罗·埃利希这位先驱……

写到这里，我必须向你们供认一个事实，否则这本浅显的微生物捕猎史不算完整：我爱这些微生物猎人，从安东尼·列文虎克到保罗·埃利希。我爱他们，并不因他们宛如平地惊雷般喊出了人类始料未及的发现，我爱的，是他们原本的每一个棱面。他们的一举一动一颦一笑深深地刻进我的大脑，直到它不再拥有记忆的能力。让我最后再用保罗·埃利希的一句话为本书结尾：

漫漫七年的不幸蛰伏，换来我此刻的好运！